影响力投资与乡村振兴

国投创益产业基金管理有限公司●编著

中国经济出版社
CHINA ECONOMIC PUBLISHING HOUSE
·北京·

图书在版编目（CIP）数据

影响力投资与乡村振兴 / 国投创益产业基金管理有限公司编著. --北京：中国经济出版社，2023.6

ISBN 978-7-5136-7369-3

Ⅰ. ①国… Ⅱ. ①国… Ⅲ. ①农村经济-投资管理-研究-中国 Ⅳ. ①F323

中国国家版本馆 CIP 数据核字（2023）第 114755 号

责任编辑 陈 瑞
责任印制 马小宾
封面设计 任燕飞

出版发行 中国经济出版社
印 刷 者 北京富泰印刷有限责任公司
经 销 者 各地新华书店
开 本 710mm×1000mm 1/16
印 张 16.25
字 数 220 千字
版 次 2023 年 6 月第 1 版
印 次 2023 年 6 月第 1 次
定 价 89.00 元
广告经营许可证 京西工商广字第 8179 号

中国经济出版社 **网址** www.economyph.com **社址** 北京市东城区安定门外大街 58 号 **邮编** 100011
本版图书如存在印装质量问题，请与本社销售中心联系调换（联系电话：010-57512564）

编委会名单

前　言

党的十八大以来，我们党领导人民自信自强、守正创新，取得了一系列重大理论成果、实践成果、制度成果。脱贫攻坚战取得全面胜利，接续实施乡村振兴，中国人前所未有地摆脱了贫困，正在向着富足、富裕的民族伟大复兴光明前景迈进。这不仅是中国人的成绩与荣光，也为全世界发展中国家提供了宝贵的经验借鉴。作为国家级基金管理人，新时代对我们的发展提出了新的更高要求，以产业基金服务重大发展战略，我们依然任重道远。

迈向高收入国家的进程并非坦途。如今，全球发展面临百年未有之大变局，世界经济重心迁移带来政治版图变局，中美竞争进入长期化，科技与产业竞赛日趋白热化，这些变化不断影响着国内宏观经济发展、产业发展格局以及区域功能定位。世界发展中国家的发展历史表明，跨越中等收入迈向高收入国家行列，必须实现农业现代化，越是后进入现代化的国家，农业现代化的内涵越丰富，是全方位的动态概念。其特征是在城市化、工业化和政府推动的背景下，农业生产效率全面迅速提升，一、二、三产业呈现融合发展的趋势、城市化推进与农业就业占比下降形成关联互动效应。党的十九大报告中阐述坚持新发展理念时首次提出实施乡村振兴战略，并提出乡村振兴是包括产业振兴、人才振兴、文化振兴、生态振兴、组织振兴的全面振兴，题中之义即是实现全方位、内涵丰富的农业农村现代化总目标。

乡村振兴的关键是培育发展新动能。习近平总书记指出，“脱贫摘帽不是终点，而是新生活、新奋斗的起点。解决发展不平衡不充分问题、缩小城乡区域发展差距、实现人的全面发展和全体人民共同富裕，仍然任重道远”。从东北亚国家的发展经验来看，后发国家在土地改革、农业实现普遍增产、农民实现收入增加后，往往面临进一步提升农业生产效率，增强农业国际竞争力，同时为乡村发展培育新动能的任务。而乡村发展新动能既包括农业规模化经营、农业生产效率提升，又包括新型城镇化驱动，一些东北亚国家农业发展的教训表明，仅仅依靠农业补贴和兼业实现农民致富并不能实现真正的强农兴农。按照要素集合、产业融合、城乡统合的发展规律，结合当前我国欠发达地区的发展现状，形成发展新动能，一方面是充分利用资源禀赋推进产业发展，让低收入人口真正融入产业链，实现收入的可持续增加，避免帮扶分红难以为继；另一方面是推进以县域为中心的新型城镇化，在农业生产效率不断提升的基础上，不断提升以产业为基础的城镇化承载能力，推动企业以符合新型城镇化特点的产品和服务，为县域发展增强吸引力、夯实人力资本基础。在此过程中，立足于我国家庭联产承包责任制的特点，在新型城镇化的基础上，适于发展农业生产的地区，农民可以充分发挥家庭经营的优势，通过土地流转等方式，不断扩大经营规模，利用先进农业生产技术和装备，从事农业的现代化生产，实现现代化、集约化经营，将有利于进一步提高农业生产效率，为我国粮食安全、农业现代化和乡村振兴筑牢根基。

金融发挥着对乡村振兴的重要作用。在全世界范围内，金融作用于减贫普遍而且关键。金融发展有利于贫困减缓，从经济发展层面来看，金融发挥导向性作用，有利于欠发达地区经济增长，从低收入人口的层面来看，金融发展有利于满足人们在医药、教育、生活等方面的需要，降低贫困指数。金融服务于欠发达地区和低收入人口发展，主要作用方式分为直接和间接两种。一方面，金融发展促进经济增长带来欠发达地区人口收入提高；另一方面，低收入人口通过直接参与金融活动（如普惠金融)，能够提高生产能力、提升预期收益，从而降低贫困发生率。需要明确的是，经济增长并非自发式对低收入人群有利，金融减贫的间接作用机制主要是通过涓滴效应下的益贫式增长，即以合理的机制，实现增长更多地流向低收入地区、使低收入人口受益的目标。从全球减贫经验来看，金融减贫的间接作用机制优于直接作用机制，能够为一个地区的发展筑牢根基，带来可持续的收入增加。产业基金即属于间接作用机制，通过发挥倡导性作用带来的资金引领、选择性作用带来的产业支撑、补充性作用对资源漏损的抑制、服务性作用带来的模式借鉴与参考，持续性地为欠发达地区发展和乡村振兴贡献力量。

影响力投资为乡村振兴带来正外部性。摆脱贫困、走向共同富裕，根本动力来自经济的持续发展，这是个不言而喻的道理。联合国的统计数据显示，收入的增加能够显著降低儿童营养不良率、提高发展中国家人口卡路里摄入量、提高人均寿命，是实现人的全面发展的最基础因素。但不可避免的是，经济发展会带来短视和自利行为，人类经济发展曾经的压榨、污染、无序都是经济发展负外部性的表现，如前所述，经济发展也并不自发有利于低收入人群。近年来，影响力投资在全球范围内已不是新鲜概念，其作为追求正向财务回报和显著、积极社会影响的理念，既是市场经济的创新，也为人们有意识地配置资本、创造利润和产生社会影响提供了方向，为市场化产业基金服务乡村振兴这一人类减贫和可持续发展历史上的创造性举措，提供了重要的参考借鉴。融合这一理念，产业基金在创造正外部性效应的同时，也为自身可持续发展、国有资产保值增值开辟了路径，能够以更长远的视角为乡村振兴做出更大的贡献。

环境、社会和公司治理（ESG）为乡村振兴影响力投资提供重要支撑。乡村振兴目标相对脱贫攻坚更加宽泛，实施期限更长，有效衡量乡村振兴投资的影响力价值，即社会效益和带动效果，对于采取产业基金等方式推进乡村振兴具有明确的现实意义。我国乡村振兴政策体系完备，但对于产业基金等具体路径而言，适用性仍然较宽。近年来，联合国等众多国际组织和投资机构不断深化 ESG 理念，国务院国资委等也对 ESG 十分关注，让 ESG 成为推动经济社会高质量发展的重要抓手，逐步形成了包括全面、系统的信息披露标准和绩效评估方法在内的 ESG 体系，能够有效引导企业关注环境责任、社会责任、公司治理等非单一财务因素，更好实现高质量发展。ESG 作为评价手段与工具，与影响力投资理念已充分融合，与乡村振兴充分利用资源禀赋、扩大参与主体、体现社会效益的要求也充分契合。以乡村振兴为中心，影响力与 ESG 的融入使得市场化基金投资乡村振兴形成了“三点平衡”，为创造更广泛的社会价值提供了充分的理论依据和政策依据，以及完备的工具保障。国投创益在此基础上，形成了一套完备的体系，我们把它称为 ESG+乡村振兴影响力投资管理体系。

本书就是对国投创益——国内目前管理规模最大的影响力投资机构，融合影响力理念与 ESG 方法服务乡村振兴战略理论与实践的归纳。作为国家级基金管理人，国投创益现管理中央企业乡村产业投资基金、欠发达地区产业投资基金等国家级基金，现募资规模 483.63 亿元，投资规模达到 583.32 亿元，已实现基金循环滚动发展。近年来，国投创益努力克服贫困地区产业基础薄弱、企业规范性差及成长性欠佳的困难，探索出一套通过市场化运作助力贫困地区脱贫和可持续发展的有效方式，发挥了“四两拨千斤”的撬动作用，在脱贫攻坚战役中圆满完成了使命，开启了服务乡村振兴新征程。

本书的第一篇是国投创益开展影响力投资的理论回顾。第一章从乡村发展脉络开始，回顾了世界乡村的发展和减贫事业的经验教训，以及我国从扶贫开发到乡村振兴的历程。乡村振兴对于我国在迈入高收入国家进程中所发挥的拉动内需、促进区域协调发展与新型城镇化等作用，在这一章也进行了叙述。第二章介绍了影响力投资最重要的理论基础，即可持续发展目标这一人类发展的“最大公约数”，以及我国乡村振兴目标与联合国可持续发展目标（SDGs）的对应关系。我国实现可持续发展离不开乡村振兴，乡村振兴与可持续发展目标相辅相成。第三章介绍了影响力投资的缘起与概况，以及影响力投资与ESG的关系、影响力投资面临的挑战；在这一章的最后，介绍了影响力投资、ESG与乡村振兴的关系，从目标、作用工具与重点领域等多个角度，对国投创益开展ESG+乡村振兴影响力投资的理论基础进行了回顾。

本书的第二篇是乡村振兴影响力产业投资基金的实践。第四章和第五章阐述了从我国脱贫攻坚战打响开始，国投创益就开始不断探索产业基金服务欠发达地区发展和乡村振兴的道路，形成了有特色的社会效益评价体系以及符合政策要求和基金特点的投资策略。第六章详细介绍了国投创益影响力投资战略框架，讲述了国投创益开展影响力投资的宗旨、使命、愿景，开展影响力投资的原则，以及推动影响力投资的支撑与基石，从自身经营管理的角度，体现了国投创益对影响力理念的全面融入。

本书的第三篇是对国投创益ESG+乡村振兴影响力投资管理体系的详细介绍。第七章介绍了ESG+乡村振兴影响力投资管理体系，包括“一项原则，两条路径，三项工具”。第八章到第十章，分别对“募投管退”四个投资的主要环节，从资金募集、项目投资、投后管理、退出等方面详细介绍了国投创益ESG融入投资全流程，从投资管理的角度，体现了国投创益在项目投资中对影响力投资理念和ESG体系的全面应用，更好地实现服务乡村振兴战略。

本书的第四篇是对国投创益影响力投资案例的介绍。作为产业基金管理公司，投资项目是对国投创益投资理念最直接的展现。在现代农业、清洁能源、新能源应用、矿产资源、先进制造等领域，我们共选取了包括隆平生物、益客食品、新疆钵施然、青海黄河水电、中广核风电在内的案例，展现影响力投资理念和ESG管理服务乡村振兴带来的看得见、摸得着的改变。

作为国家级基金管理人，大时代大环境大变局对国投创益的发展不断提出新的更高要求。通过这本书，我们希望传达以卓越投资创造更美好的生活的愿景。正是从此愿景出发，我们以影响力投资的理念、通过ESG体系开展工作，衣带露珠、脚沾泥土，带动更广泛的力量，为我国的乡村振兴脚踏实地地探索新路、做出贡献。

本书编写组

2023年4月

目 录

第三篇 ESG+乡村振兴影响力投资管理体系

第四篇
国投创益影响力投资案例选编

第一篇

乡村振兴、影响力投资与ESG的理论脉络

第一章
乡村发展脉络

第一节　世界乡村的发展

乡村是相对于城市而言的概念，城乡是相互作用的有机体。城市源于乡村，在工业革命之前的大部分时期，尽管有差异，但城乡并无现代意义上普遍存在的分隔或分离现象。工业革命以后，城市发展的技术基础发生了根本性的变化，科技革命又不断推动技术进步，城乡关系开始蜕变，逐步演变为两个特征不同的部门，以传统技术为基础的农业部门即乡村，以不断进步的近、现代技术为基础的工业和与之相关联的现代部门构成的城市，由此城乡关系开始进入事实上相互隔离的阶段。城市在政治、经济、文化诸方面领先于农村、优于农村，由于这种状态仅靠农业农村自身的力量无法改变，许多国家城市和农村长期处于二元结构状态。从世界发展来看，资本主义早期发展阶段，城乡差距出现并不断扩大，受工农业产品不平等交换等因素影响，城乡关系突出表现为矛盾对立。在工业化初级阶段，农业支持工业、为工业发展提供原始积累成为世界各国普遍采用的手段。不打破城乡分割的二元结构，城乡差距持续扩大，一方面会造成乡村包括劳动力、土地在内的生产要素过度流失，严重影响乡村资源有效利用，制约乡村发展，降低粮食等国民经济重要战略物资供给保障能力。同时，可能导致城市无序扩张，人口过度集中，出现环境污染、交通拥堵、住房紧张等问题。作为世界上最大的发展中国家，我国充分借鉴世界乡村的发展经验、吸取发展中的教训，探索并形成符合我国国情的城乡发展路径和发展模式，对全面推进乡村振兴，具有十分重要的理论意义和实践价值。

一、世界乡村的发展

世界各国在发展过程中普遍经历了乡村人口外流、农村经济凋敝、公共服务短缺等问题。根据世界银行的数据，1960—2015 年，世界乡村人口由 20.08 亿人增至 33.83 亿人，增长 68.48%，而乡村人口占世界总人口的比例从 66.44%下降至 46.16%，降幅达 30.5%①。其中，俄罗斯乡村人口占比减少了 44.0%，中国为 47.0%，印度为 18.0%，南非为 34.0%，巴西乡村人口占比下降幅度高达 73.0%②。在不同发展阶段，农村发展状态不同，如在发展中国家，农村地区普遍严重落后于城市，属于二元结构社会；在新兴工业化国家，城乡的差异性相对弱化；而在发达国家，城乡则几乎无差异。在发展中国家，由于资源分配不均，通常在城市才有更多的就业机会，而在乡村以农业活动为主，就业机会较少，因此农村的居民普遍贫困。在新兴工业化国家，如韩国，由于经过工业化和城市化，这类地区的农村和城市之间的差距迅速缩小，二元结构不断弱化，已步入发达国家行列。在一般发达国家，农业已经转化为现代部门，高水平的农业机械化的实现，即实现了所谓的“农业工业化”，农业部门就业收入和工业或其他现代产业部门并无差别，农业经营主体亦和其他普通的企业一样，可资利用的包括信贷在内的社会化服务也有保障。在美国，许多农场主的收入超过普通城市就业人员，因此在农村生活和在城市生活差异不大。

总体而言，世界范围内，在经济全球化背景下，发展中国家工业化、城市化进程加速，城乡发展不平衡加剧，乡村青壮年人口流失、城乡收入

① 李玉恒，等. L 世界乡村转型历程与可持续发展展望［J］. 地理科学进展，2018.
② 李玉恒，等. L 乡村振兴与可持续发展：国际典型案例剖析及其启示［J］. 地理研究，2019.

差距扩大等问题凸显，不可避免导致乡村衰退，成为发展中国家面临的共同课题。

近年来，我国乡村经过新农村建设、脱贫攻坚等一系列惠农战略的实施，农业产业发展、农村人居条件、农民生活水平有明显提升，但当前受制于城乡二元结构，城乡要素平等交换、公共资源均衡配置体制机制等根本性难题尚未破解，以及来自政府补贴的转移性收入占比高、产业抵御风险能力不强等问题，致使乡村振兴基础依然薄弱。

二、世界乡村的发展经验

农民是乡村发展的主体和主要受益者。在乡村发展过程中，提升农民自身的发展能力并为他们提供发展机会，是促进乡村发展和包容性的乡村转型的关键。始终坚持以农民为中心，解决他们的需求和存在的问题，才能促进乡村的可持续发展和转型。世界乡村发展过程中的经验包括：

- 制定支持乡村发展的公共政策和激励制度。实行工业“反哺”农业的政策、推行保护耕地的政策、严查环境污染。

- 支持乡村工业化。设立组织机构，如英国的乡村发展委员会和乡村地区小工业委员会。

- 建设小城镇。小城市作为连接城乡的纽带，发展小城市是各国的共识，如日本的《町村合并促进法》、美国的《新城市开发法》和“‘示范城市’试验计划”、韩国的“‘农村工业园区’计划”等。

- 投资基础设施。建设城乡间的公路、铁路，加大对农村道路、水利、农民住房和自来水等基础设施投入的力度。

- 深挖本土资源，因地制宜振兴乡村。以日本为首的一众国家，形成了“一村一品”的发展模式，根据自然条件状况，打造特色的致富道路。让乡村治理充分发挥本地优势，提升社会整体效益。

- 精简集约型治理农地。针对农业资源相对匮乏的国家，对土地进行多重精简利用，一方面在保护乡村生态环境的同时促进农村经济发展，另一方面让发展更加可持续。

• 治理环境作为最大“致富吸引力”。在瑞士等自然田园风光独特的国家，对乡村自然风光进行最大力度的保护，并增加相应基础设施，进而增加其休闲旅游收益。以绿色、环保理念为主，推进生态价值、文化价值、经济价值的融合。

• 一体化农业+领土整治。法国作为农村改革的典型，其只用了短短的20年就实现了乡村现代化建设，这得益于其实施的“一体化农业+领土整治”的政策。“一体化农业”在一定程度上将农业和其相关的工商业、运输业、信贷业等行业联系起来，构建利益共同体；而“领土整治”则从国家层面上帮助、支持欠发达乡村，实现资源的优化配置。

• 城乡一体化发展。城市带动乡村、城乡一体化发展为这种模式的典型特征，最终形成城镇与农村、工业与农业双赢的局面；这一模式的践行国家之一——美国，就利用该模式实现了城乡共生的目标。

• 旅游业带动乡村发展。许多乡村风景秀丽的国家，都积极推进乡村民宿、乡村花园、休闲农场等模式；将一、二、三产业融合起来发展，推动休闲农业和乡村旅游业的发展。

• 发展全产业链模式。农村作为第一产业的集结地，农、林、牧、渔为其基础产业，在推动第一产业积极发展的同时，协同发展其相应的第二、三产业，打造全产业链发展模式。

第二节 中国乡村的发展

改革开放以来，特别是中国特色社会主义市场经济制度的确立，党和政府将马克思主义基本原理与中国实际相结合，不断深化改革，全面推进对外开放，我国经济社会发展取得了世界瞩目的巨大进步。在经济增长和城镇化加速的同时，我国的社会结构和自然风貌也随之发生改变：2.6亿农村人口流入城市，我国行政村总数从1978年的69万个减少到2012年的58.8万个；自然村总数从1984年的420万个减少到2012年的267万个，年均减少5.5万个①。党的十八大以来，在习近平新时代中国特色社会主义思想的指导和引领下，尤其是精准扶贫和脱贫攻坚战略的实施、推进，使我国农村进入了快速发展的新阶段。2020年底，我国实现了全面脱贫目标，消除了绝对贫困。2021年中国共产党成立100周年，我国实现了全面建成小康社会的百年奋斗目标。产业兴旺、生态宜居、乡风文明、治理有效、生活富裕的乡村振兴战略将继续指引我国乡村迈向新纪元。

一、消除农村贫困

“农业农村农民问题是关系国计民生的根本性问题，必须始终把解决好“三农”问题作为全党工作重中之重。要坚持农业农村优先发展，按照产业兴旺、生态宜居、乡风文明、治理有效、生活富裕的总要求，建立健全城乡融合发展体制机制和政策体系，加快推进农业农村现代化。”

——党的十九大报告《决胜全面建成小康社会夺取新时代中国特色社会主义伟大胜利》

改革开放初期，我国农村面临贫困人口基数大、贫困发生率高的严峻挑战。国家通过一系列农业农村的重大改革，包括理顺农村生产关系、调动农民生产积极性、大力发展乡镇企业等措施，推动农村生产开发。与此同时，国家成立了专门扶贫机构，确定扶贫标准、重点片区和贫困县，促进农民收入增加，释放农村活力，以推进到20世纪末实现基本解决农村温饱问题的目标。

1996年，中共中央召开扶贫开发工作会议，确定了由救济式扶贫向开发式扶贫转变的基本方针。2000年底，我国农村贫困人口已经减少到3200

① 乡村振兴战略的时代意义［EB/OL］. 人民网 . http：//theory. people. com. cn/n1/2018/0227/c40531-29837172. html.

万人，贫困发生率降低至3.5%[①]。21世纪以来，在全面建成小康社会的总目标下，扶贫工作重点区域落在中西部地区，参与式“整村推进”、产业扶贫等驱动农村内生性发展的举措力度加大。2011年印发的《中国农村扶贫开发纲要（2011—2020年）》将我国扶贫开发的主要任务由解决温饱转入巩固温饱成果、加快脱贫致富、改善生态环境、提高发展能力和缩小发展差距。我国农村建设正在从脱贫迈向促进区域、城乡协调发展的新格局。同年，我国将贫困标准提高至2300元，相较2009年1196元的标准提高了92.3%，以更契合全面建设小康社会的战略需求。新标准下的我国贫困人口数量为1.22亿人，占农村户籍人口比例为13.4%[②]，充分体现了我国解决农村民生问题、努力缩小城乡与区域发展差距的坚强决心。2013年，习近平总书记来到湖南湘西十八洞村考察，对扶贫工作作出重要指示，强调“扶贫要实事求是，因地制宜。要精准扶贫，切忌喊口号，也不要定好高骛远的目标”，“精准扶贫”的概念被首次提出。在习近平总书记首次提出精准扶贫概念后，相关政策相继出台。2015年《中共中央 国务院关于打赢脱贫攻坚战的决定》指出，“确保到2020年农村贫困人口实现脱贫”，“把精准扶贫、精准脱贫作为基本方略，坚持扶贫开发与经济社会发展相互促进，坚持精准帮扶与集中连片特殊困难地区开发紧密结合，坚持扶贫开发与生态保护并重，坚持扶贫开发与社会保障有效衔接”，“引导中央企业、民营企业分别设立贫困地区产业投资基金，采取市场化运作方式，主要用于吸引企业到贫困地区从事资源开发、产业园区建设、新型城镇化发展等”。2016年《国务院关于印发“十三五”脱贫攻坚规划的通知》指出，“十三五”时期，是全面建成小康社会、实现第一个百年奋斗目标的决胜阶段，也是打赢脱贫攻坚战的决胜阶段。“十三五”时期是以消除农村地区绝对贫困为主要目标的脱贫攻坚战阶段，为全面建成小康社

① 国务院新闻办.人类减贫的中国实践.2021.

② 国务院扶贫办主任范小建详解2300元扶贫新标准［EB/OL］.中华人民共和国中央人民政府.http：//www.gov.cn/jrzg/2011-12/02/content_ 2009471.htm.

会、实现第一个百年奋斗目标打下了坚实基础。规划立足贫困地区资源禀赋，以市场为导向，充分发挥农民合作组织、龙头企业等市场主体作用，建立健全产业到户到人的精准扶持机制。2013—2017 年，中国农村贫困人口数量从近 1 亿人下降至 3000 万人，贫困地区农村居民人均可支配收入从 2013 年的 6079 元增长至 2017 年的 9377 元，精准扶贫战略的阶段性胜利也吹响了脱贫事业攻坚拔寨的最后号角。2018 年《中共中央 国务院关于打赢脱贫攻坚战三年行动的指导意见》明确提出，着力激发贫困人口内生动力、着力夯实贫困人口稳定脱贫基础、着力加强扶贫领域作风建设，并强调要提高脱贫质量、防止返贫，杜绝数字脱贫、虚假脱贫。为其后三年的脱贫攻坚工作作了全面部署，推动脱贫攻坚工作更加有效开展，确保全面建成小康社会，为实施乡村振兴战略打好基础。2020 年，我国农村实现全面脱贫，农村居民人均可支配收入超过 12000 元，农业农村发展取得历史性成就，我国农村发展由脱贫迈向全面振兴的新纪元。2013—2020 年中国农村贫困人口、贫困村数量及贫困地区农村居民人均可支配收入如图 1 所示。

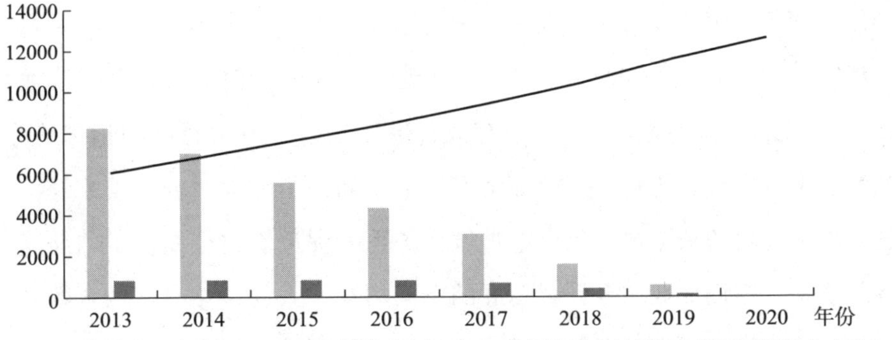

图 1 2013—2020 年中国农村贫困人口、贫困村数量及贫困地区农村居民人均可支配收入

数据来源：《人类减贫的中国实践》白皮书。

二、乡村全面振兴

“全面建成小康社会和全面建设社会主义现代化强国，最艰巨最繁重的任务在农村，最广泛最深厚的基础在农村，最大的潜力和后劲也在农村。实施乡村振兴战略，是解决新时代我国社会主要矛盾、实现‘两个一百年’奋斗目标和中华民族伟大复兴中国梦的必然要求，具有重大现实意义和深远历史意义。”

——《乡村振兴战略规划（2018—2022 年）》

纵览中国地图，地大物博，资源丰硕。虽然很多欠发达地区资源丰富，景色旖旎，但是这些欠发达地区的贫困人口数量和贫困深重程度远高于其他区域和地区，因此对欠发达地区的积极支持意义深远，乡村发展迎来重要的历史时期。

2017 年党的十九大报告中，习近平总书记首次提出乡村振兴战略，强调“三农”问题是关系国计民生的根本性问题，也提出乡村振兴发展的总体要求：“产业兴旺、生态宜居、乡风文明、治理有效、生活富裕。”2018 年《中共中央　国务院关于实施乡村振兴战略的意见》明确了 2020 年基本形成乡村振兴制度框架和政策体系、2035 年基本实现农业农村现代化和到 2050 年乡村全面振兴，农业强、农村美、农民富全面实现的推进步骤。同年，国务院出台乡村振兴战略实施的第一个五年工作部署——《乡村振兴战略规划（2018—2022 年）》，首次建立了覆盖全面乡村振兴“产业兴旺、生态宜居、乡风文明、治理有效、生活富裕”五大目标的指标体系，从城乡融合发展和优化乡村内部生产生活空间两个方面明确了国家经济社会发展中乡村的新定位，提出重塑城乡关系、促进农村全面进步的新路径和新要求，强调形成城乡融合发展的空间格局、人与自然有机融合的乡村空间关系、推动城乡要素自由流动的乡村发展新动力以及巩固脱贫攻坚成果的乡村全面振兴①，简而言之，就是推动乡村的产业振兴、人才振兴、文化振兴、生态振兴和组织振兴（见图 2）。

① 中共中央，国务院．乡村振兴战略规划（2018—2022 年）[Z]．2018.

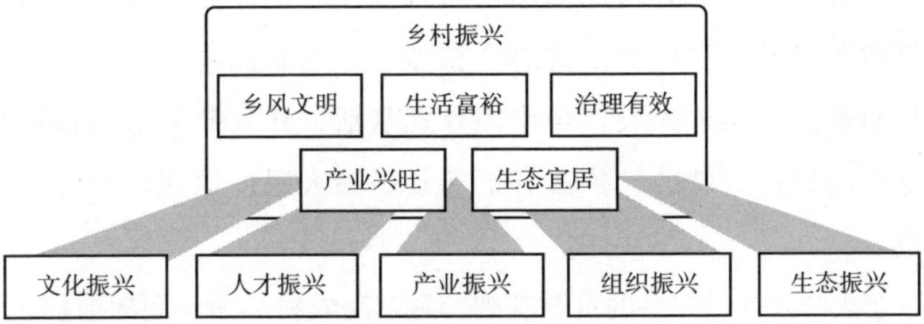

图2　乡村振兴的五大目标

我国的改革以农村改革为起点，坚持农业农村优先发展是改革开放以来的重要导向。党的二十大强调，高质量发展是全面建设社会主义现代化国家的首要任务。从党的二十大报告看，乡村振兴在党和国家发展全局中地位重要、任务艰巨、影响深远，全面建设社会主义现代化国家，最艰巨最繁重的任务仍然是在乡村，坚持农业农村优先发展、坚持城乡融合发展和畅通城乡要素流动，加快建设农业强国，扎实推动乡村产业、人才、文化、生态、组织振兴。总体来看，近年来我国乡村振兴在政策层面有以下内涵：

全方位夯实粮食和重要农产品稳产保供，确保中国人的饭碗牢牢端在自己手里。仓廪实，天下安，我国粮食生产需求中长期仍将是紧平衡态势，端牢粮食和能源“饭碗”的形势持续严峻，粮食安全的政治属性日益强化，“压舱石”“稳定器”的作用愈加凸显。

坚持城乡融合发展，统筹建设乡村基础设施。在进行农业生产的同时，加大力度发展乡村特色产业，拓宽农民致富渠道；在传统的农村集体经济模式中发展新型农村集体经济，利用好所有的资源要素，通过合作实现共同发展，重点推动农业合作社和家庭农场两种农业经营主体发展。

畅通城乡要素流动，保证乡村振兴顺利推进。城乡融合发展、城乡要素流动是实现乡村振兴的主要路径，实质是以城带乡、以工补农，以城乡融合和流动为农村发展不断带来新的发展要素。深化农村的土地制度改革，赋予农民更多的财产权益，鼓励农民将其闲置宅基地和房屋以自营、出租、入股、合作等方式盘活，并且鼓励进城落户农民的合法土地权益，鼓励其依法有偿转让，最大限度地完善农业支持保护制度。

产业兴旺是乡村振兴的重要基础，是解决农村一切问题的前提。乡村产业没有明确的行业、地域限制，乡村产业根植于县域，以农业农村资源为依托，以农民为主体，以农村一、二、三产业融合发展为路径，地域特色鲜明、创新创业活跃、业态类型丰富、利益联结紧密，是提升农业、繁荣农村、富裕农民的产业。乡村振兴相关国家政策见表 1。

表 1　乡村振兴相关国家政策

出处	内容	主题
《高举中国特色社会主义伟大旗帜　为全面建设社会主义现代化国家而团结奋斗》 习近平在中国共产党第二十次全国代表大会上的报告 2022 年 10 月	• 全面推进乡村振兴，坚持农业农村优先发展，巩固拓展脱贫攻坚成果，加快建设农业强国	农村发展
	• 发展乡村特色产业，拓宽农民增收致富渠道 • 扎实推动乡村产业、人才、文化、生态、组织振兴，全方位夯实粮食安全根基，牢牢守住十八亿亩耕地红线，确保中国人的饭碗牢牢端在自己手中	产业发展
	• 着力推进城乡融合和区域协调发展，推动经济实现质的有效提升和量的合理增长	城乡融合
《关于推进以县城为重要载体的城镇化建设的意见》 中共中央办公厅、国务院办公厅 2022 年 5 月	• 更好满足农民到县城就业安家需求和县城居民生产生活需要，为实施扩大内需战略、协同推进新型城镇化和乡村振兴提供有力支撑 • 公共资源配置与常住人口规模基本匹配，特色优势产业发展壮大	城乡融合
	• 合理确定适合县城的发展路径，可发展连接大城市的卫星县城、专业功能县城、农产品主产区和重点生态功能区，因地制宜培育优势产业，增强产业支撑力，健全流通网络，强化技能培训	产业发展

续表

出处	内容	主题
《关于做好2022年全面推进乡村振兴重点工作的实施意见》 中共中央、国务院 2022年2月	• 持续推进农村一、二、三产业融合发展。鼓励各地拓展农业多种功能、挖掘乡村多元价值 • 重点发展农产品加工、乡村休闲旅游、农村电商等产业。支持农业大县聚焦农产品加工业，引导企业到产地发展粮油加工、食品制造。实施"数商兴农"工程，推进电子商务进乡村	产业融合
	• 支持大中城市疏解产业向县域延伸，引导产业有序梯度转移。大力发展县域范围内比较优势明显、带动农业农村能力强、就业容量大的产业，推动形成"一县一业"发展格局 • 加强县域商业体系建设。实施县域商业建设行动，促进农村消费扩容提质升级。加快农村物流快递网点布局	县域发展
《关于全面推进乡村振兴加快农业农村现代化的意见》 中共中央、国务院 2021年1月	• 全面推进乡村产业、人才、文化、生态、组织振兴，充分发挥农业产品供给、生态屏障、文化传承等功能	产业发展
	• 促进农业高质高效、乡村宜居宜业、农民富裕富足，为全面建设社会主义现代化国家开好局、起好步提供有力支撑	乡村发展
	• 加快县域内城乡融合发展。把县域作为城乡融合发展的重要切入点，强化统筹谋划和顶层设计，破除城乡分割的体制弊端，加快打通城乡要素平等交换、双向流动的制度性通道	县域发展
《中华人民共和国乡村振兴促进法》 第十三届全国人民代表大会常务委员会第二十八次会议通过 2021年4月	• 促进乡村振兴应当按照产业兴旺、生态宜居、乡风文明、治理有效、生活富裕的总要求，统筹推进农村经济建设、政治建设、文化建设、社会建设、生态文明建设和党的建设	乡村发展
	• 各级人民政府应当坚持以农民为主体，以乡村优势特色资源为依托，支持、促进农村一、二、三产业融合发展，推动建立现代农业产业体系、生产体系和经营体系 • 推进数字乡村建设，培育新产业、新业态、新模式和新型农业经营主体，促进小农户和现代农业发展有机衔接	产业发展
	• 国家建立健全城乡融合发展的体制机制和政策体系，推动城乡要素有序流动、平等交换和公共资源均衡配置，坚持以工补农、以城带乡，推动形成工农互促、城乡互补、协调发展、共同繁荣的新型工农城乡关系	城乡融合

续表

出处	内容	主题
《决胜全面建成小康社会　夺取新时代中国特色社会主义伟大胜利》 习近平在中国共产党第十九次全国代表大会上的报告 2017 年 10 月	• 建立健全城乡融合发展体制机制和政策体系，加快推进农业农村现代化	城乡融合
	• 促进农村一、二、三产业融合发展，支持和鼓励农民就业创业，拓宽增收渠道	产业发展
	• 实施乡村振兴战略……坚持农业农村优先发展，按照产业兴旺、生态宜居、乡风文明、治理有效、生活富裕的总要求	乡村发展
《关于实施乡村振兴战略的意见》 中共中央、国务院 2018 年 1 月	• 坚持城乡融合发展。坚决破除体制机制弊端，使市场在资源配置中起决定性作用，更好发挥政府作用，推动城乡要素自由流动、平等交换，推动新型工业化、信息化、城镇化、农业现代化同步发展	城乡融合
	• 坚持乡村全面振兴。准确把握乡村振兴的科学内涵，挖掘乡村多种功能和价值，统筹谋划农村经济建设、政治建设、文化建设、社会建设、生态文明建设和党的建设，注重协同性、关联性，整体部署，协调推进	乡村发展
	• 实施乡村振兴战略的目标任务是：到 2020 年……农业综合生产能力稳步提升，农业供给体系质量明显提高，农村一、二、三产业融合发展水平进一步提升	产业发展
《乡村振兴战略规划（2018—2022 年）》 中共中央、国务院 2018 年 9 月	• 坚持乡村振兴和新型城镇化双轮驱动，统筹城乡国土空间开发格局，优化乡村生产生活生态空间，分类推进乡村振兴，打造各具特色的现代版“富春山居图” • 以城市群为主体构建大中小城市和小城镇协调发展的城镇格局，增强城镇地区对乡村的带动能力 • 通盘考虑城镇和乡村发展，统筹谋划产业发展、基础设施、公共服务、资源能源、生态环境保护等主要布局，形成田园乡村与现代城镇各具特色、交相辉映的城乡发展形态	城乡融合

资料来源：中国政府网。

作为新发展格局中的重要环节，乡村振兴是关乎“两个一百年”奋斗目标的基础。从政策出发，总体来看，乡村振兴不仅关乎农业和农村的发展，而且是全方位产业和社会各方面的升级。城乡融合发展、城乡要素流动是实现乡村振兴的主要路径，实质是以县域为基本单元推进城乡的融合发展，以城带乡、以工补农，以城乡融合和流动为农村发展不断带来新的发展要素，更好地助力农民增收与全方位发展，推进农业、农村现代化。地域、产业、社会的三维关系如图 3 所示。

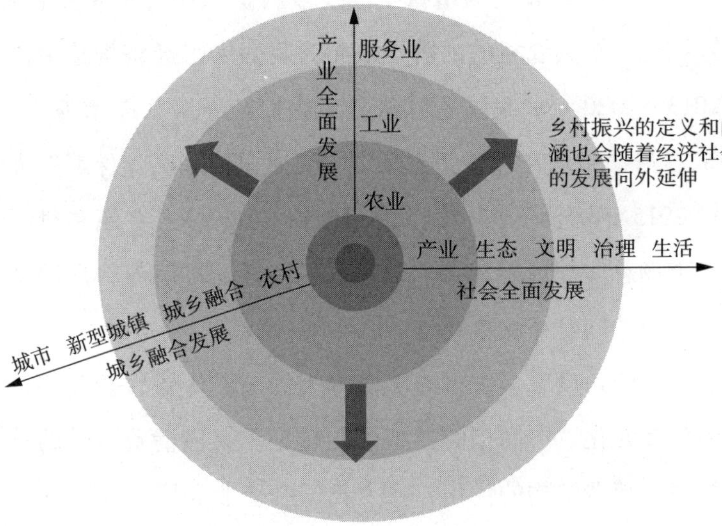

图 3　地域、产业、社会三维关系

- 乡村振兴助力拉动内需

随着世界政治格局变化加快，世界经济中心出现调整，逆全球化潮流加剧，全球供应链趋向“短链化”“分散化”。我国经济由高速增长阶段向高质量发展阶段转变，亟须统筹利用国内国际两个市场两种资源，进一步扩大发展空间。中共十九届五中全会提出，加快构建以国内大循环为主体、国内国际双循环相互促进的新发展格局。习近平总书记明确指出，要坚持供给侧结构性改革的战略方向，扭住扩大内需这个战略基点，使生产、分配、流通、消费更多依托国内市场，提升供给体系对国内需求的适配性，形成需求牵引供给、供给创造需求的更高水平动态平衡。党的二十大报告提出，“要坚持以推动高质量发展为主题，把实施扩大内需战略同深化供给侧结构性改革有机结合起来，增强国内大循环内生动力和可靠性……着力推进城乡融合和区域协调发展，推动经济实现质的有效提升和量的合理增长”。在政策层面，扩大内需与深化供给侧结构性改革的有机结合将成为今后一个时期的着力点。

构建新发展格局，强调坚持扩大内需这个战略基点，要把握扩大内需这个战略基点，乡村是最大的增量空间。乡村振兴担负的重要使命之一，就在于不断挖掘与扩大农村的内需，从而为我国未来经济构建更坚实的消费基础。2013—2020 年，我国乡村消费品零售额连续 8 年增速高于城镇；2020 年，农村居民人均在教育文化娱乐、交通通信和医疗保障三大领域的支出分别比 2015 年增长了 35. 1%、58. 3% 和 67. 6%[①]，乡镇和村两级消费市场占消费市场总体规模的 38%。促进农村消费、推动农村居民增收，是扩大内需、实现共同富裕的重要举措。

从消费需求的角度看，农村需求潜力大的内在优势日益凸显，需求层次也在逐渐向多元化、中高档的新型消费转型。农民消费观念的转变、消费档次的提高、消费结构的优化，将为我国制造业和服务业发展带来持续的牵引力。随着乡村建设的推进，将会有越来越多的农区变景区、田园变公园，城乡之间的商品、服务、人员、资金的双向流动将进一步加速，城乡融合发展也会得到提升。

从投资需求的角度看，乡村建设是乡村振兴的核心内容，也是扩大内需的重要环节。实施乡村建设行动，将大大拓展投资空间，既可以更好地发挥投资的关键作用，也可以推动各种相关内需产业的发展，吸引城市工商资本带着资金、技术和理念进入农村，能够更新盘活大量乡村闲置资源，加速城乡资源要素双向流动，形成市场主导的投资内生增长机制。

但是，我国乡村发展助力拉动内需仍然存在一些基础性问题亟待解决。

首先，农业生产由大到强的问题。2021 年，我国粮食总产量创历

① 进一步释放农村消费潜力［N/OL］. 人民日报 . http：//data. people. com. cn/rmrb/20210929/19.

史新高，达 6.8285 亿吨，其中谷物总产量 6.3 亿吨，超过美国谷物产量约 1.5 亿吨，约是印度谷物总产量的 2 倍，标志着我国口粮绝对安全和谷物基本自给的强大基础已经形成①。即实现了“吃得饱”，居民消费结构升级加速，多元、个性、高端消费需求持续增长，农业如何在保证粮食安全的大前提下实现由增产向提质转向也成为必然要求，农产品阶段性供过于求和供给不足并存。农村一、二、三产业融合发展程度不深，农民适应市场竞争的能力有待加强等问题在农业农村中依然普遍存在。

其次，农村生态和人居环境建设任务依然严峻。我国在 2020 年向世界承诺“二氧化碳排放力争于 2030 年前达到峰值，努力争取 2060 年前实现碳中和”的“双碳”目标，随后制定了一系列政策措施推进向绿色、低碳、循环发展的经济体系转型，农业和农村的绿色发展正是题中应有之义。农业不仅是重要的减碳领域，乡村的自然生态还服务于气候和环境问题的调节缓冲。农村生产方式绿色转型，农村能源转型，农村人居环境整治，是我国绿色发展和生态文明建设的必由之路。

最后，农村发展韧性依然需要关注民生。农村基础设施建设和基本公共服务供给相对滞后，以医疗卫生为例，2018 年基层医疗卫生机构的医疗设备购置数量仅占全国总量的 3%，医护人员占比低于三成②。农村医疗资源分配不足、基层医疗机构专业设备和医护人力资源不足在新冠疫情暴发时给农村疫情防治带来了不小的挑战。

- 乡村振兴与新型城镇化和区域协调发展

中国人民大学乡村治理研究中心在 2020 年组织的我国乡村振兴综合调查显示，村庄内村户的户均收入比最高达 72.6 倍，村庄内部、村庄之间的

---

① 国家乡村振兴局．保障粮食安全是乡村振兴首要任务［J］．理论研究．https：//nrra.gov.cn/art/2022/5/10/art_ 56_ 195117.html.

② 国家统计局．中国医疗保障统计年鉴［Z］．2018.

收入差距甚至超过城市[①]。2020年第七次全国人口普查结果显示，我国的城镇人口已经达到63.89%，相较2010年上升了14.21%，超过55.3%的世界平均标准。但城镇化率在我国区域间和各省区市之间的分布并不均匀，如直辖市和东部沿海的广东、浙江、辽宁等省城镇化率在2021年已经超过70%，而中西部省份如甘肃、贵州、云南等地城镇人口占比低于60%[②]。缩小农村之间、城乡之间的收入差距和区域之间的发展不平衡对于构建以扩大内需为战略基点的新发展格局至关重要。党的二十大报告强调，坚持农业农村优先发展，坚持城乡融合发展，畅通城乡要素流动，加快建设农业强国，扎实推动乡村产业、人才、文化、生态、组织振兴。乡村振兴与新型城镇化发展相互融合，互为依托，密不可分。

新型城镇化是以城乡统筹、城乡一体、产城互动、节约集约、生态宜居、和谐发展为基本特征的城镇化。国家发展和改革委员会出台的《2022年新型城镇化和城乡融合发展重点任务》明确指出，加快推进新型城镇化，引导城镇基础设施、社会事业以及公共服务向农村地区延伸，持续巩固脱贫攻坚成果以有效衔接乡村振兴。新型城镇化、乡村振兴两大战略互为促进，推动区域协调发展，促进形成国民经济的良性循环，将为构建新发展格局提供坚强支撑。

近年来，区域协调发展已经成为我国区域发展战略的底色。2018年中央经济工作会议作出统筹推进西部、东北、中部、东部四大区域差异化的发展部署。2019年，推进京津冀协同发展、长三角一体化发展、粤港澳大湾区建设，打造世界级创新平台和增长极的高质量发展区域成为亮点。当前以及未来，国内统一大市场的建设促进劳动力、资本、土地、技术、数据等要素的充分流动，区域协调发展内生动力的构建将由新型城镇化和乡村振兴主要贡献（见图4）。

---

① 新时期我国县域发展全面转型战略［N/OL］. 光明日报 . https：//epaper. gmw. cn/gmrb/html/2022-04/16/nw. D110000gmrb_20220416_1-10. htm).

② 资料来源：国家统计局。

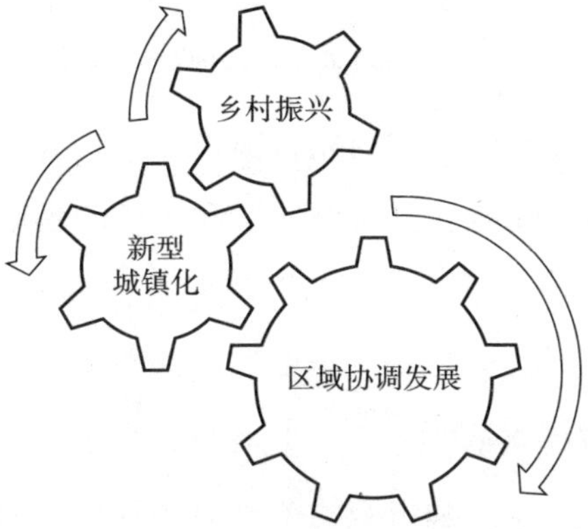

图 4　乡村振兴与新型城镇化推进区域协调发展

尽管我国的城镇化率在近十年增长迅速，但整体城镇化的推进与乡村发展并不同步，如户籍人口城镇化率较低、农业转移人口市民化进程偏慢、农村人口“候鸟式”迁移现象较为突出，以及在农村人口单向流出的情况下农村空心化、老龄化严重导致乡村建设人才缺乏等问题。中共中央、国务院在《关于建立健全城乡融合发展体制机制和政策体系的意见》中提出，要协调推进乡村振兴战略和新型城镇化战略，健全城乡融合发展体制机制，加快形成新型工农城乡关系，加快推进农业农村现代化。《中华人民共和国国民经济和社会发展第十四个五年规划和 2035 年远景目标纲要》指出，完善新型城镇化战略，全面推进乡村振兴，深化农业农村改革、加强农业农村发展要素保障。新型城镇化和乡村振兴的共同发展目标，即推动乡村经济发展，逐步缩小城乡差距，实现全体人民共同富裕，其核心价值均为以人为本。因此，要实现区域的高质量协调发展和乡村的可持续发展需要新型城镇化与乡村振兴协同发力，切实发挥城乡要素和功能互补互济的作用。

一方面，新型城镇化将推动全面乡村振兴。作为乡村振兴的核心，产业振兴的实现需要借助于新型城镇化战略，为农村提供现代化的生产要素及服务，从而推动农村经济的发展。城市和乡村作为不可分割的整体，新型城镇化致力于推动城市、乡镇和乡村之间的相互促进和协同发展。新型城镇化能够加速农业人口市民化，促进各类资源要素在城乡间流动，推动农业规模化发展，同时能引导农村发挥其成本优势，逐步推动农村特色化产业的发展，实现农村产业转型升级，推动乡村产业振兴。

另一方面，乡村振兴同时助推新型城镇化。实施全面乡村振兴战略，将有望打破传统的城乡二元结构，将资源引至乡村，逐步完善乡村的基础设施建设，推动农村高质量发展。随着农村人才吸引、技术普及，推动乡村产业、人才、文化、生态和组织的振兴，实现供给侧结构性改革，推动城镇化进程，城乡之间的空间结构和互补的产业链条、基础设施、公共服务、生态治理等逐步完善，能够推动加快形成工农互促、城乡互补、全面融合、共同繁荣的新型工农城乡关系，进一步解决城镇化发展中存在的问题，建立城市和农村之间的良性互动关系，为城乡协调发展提供重要支撑。

第二章
乡村振兴与可持续发展

第一节　联合国可持续发展目标

一、概念与缘起

我国的乡村振兴离不开可持续发展。2000 年 9 月，联合国千年首脑会议上通过《联合国千年宣言》，就消除贫穷、饥饿、疾病、文盲、环境恶化和对妇女的歧视等方面确定了 8 项千年发展目标（Millennium Development Goals，MDGs），成为 21 世纪第一个被国际社会公认的指导国际发展合作的框架。到 2015 年，MDGs 已经使 10 亿多人摆脱了极端贫困，但它所取得的进展并不平衡，不同国家和国家内部不同人群和地区间的落实情况仍存在差异。除此之外，贫富差距扩大、全球气候变暖、环境污染和生态破坏、恐怖主义、粮食安全和新型传染性疾病蔓延等新的全球性问题不断涌现。世界发展的不确定性进一步加剧，如何解决极端贫困，应对全球变化、实现可持续发展，是当前人类社会发展面临的重大挑战。

2015 年 9 月 25 日，联合国可持续发展峰会在纽约总部召开，联合国 193 个成员国在峰会上正式通过《联合国 2030 年可持续发展议程》及其 17 个可持续发展目标（Sustainable Development Goals，SDGs），该目标是在 2000—2015 年千年发展目标到期之后为持续促进全球可持续发展而设立的，旨在从 2015 年到 2030 年以综合方式彻底解决社会、经济和环境三个维度的发展问题，转向可持续发展道路。

可持续发展理论是人们在观念上对人类中心主义（Anthropocentrism）的思维模式带来的环境和社会问题进行不断反思，在行动上对过度工业化的警醒而逐渐形成的。真正意义上的可持续发展理论是由联合国正式提出的。为了应对日益严重的环境和经济问题，探寻破解之道，联合国于 1983 年 12 月成立了世界环境与发展委员会（World Commission on Environment and Development，WCED）。WCED 具体阐述了可持续发展观念的十个方面：

（1）满足人类需要和对美好生活的向往是发展的主要目标，可持续发展要求满足人类的基本需要，并为人类向往更美好的生活提供机会；

（2）可持续发展倡导将消费水平控制在生态环境可承受范围之内的价值观；

（3）经济增长必须符合可持续发展的基本原则且不对他人进行剥削，可持续发展要求提高生产潜能和确保公平机会以满足人类需要；

（4）可持续发展要求人口发展与日益变化的生态环境产出潜能保持和谐；

（5）可持续发展要求遏制对资源过度开采从而危及后代人满足其基本需要的行为；

（6）可持续发展要求人类不可危害支持地球生命的自然系统，包括大气、水、土壤和生物；

（7）可持续发展要求世界各国确保公平获取有限的资源并通过技术手段缓解资源压力；

（8）可持续发展要求合理使用可再生资源，防止过度开发和利用，要控制不可再生资源的开发率，以免危及后代人的发展；

（9）可持续发展要求对植物和动物加以保护，避免物种多样性的减少影响后代人的选择余地；

（10）可持续发展要求将人类活动对空气、水和自然要素的负面影响最小化，以保持生态系统的完整性。

可持续发展理论核心思想体现了包容性发展（Inclusive Development）的理念，要求统筹兼顾社会、经济和环境的可持续发展问题。SDGs的核心内容，包括17个可持续发展目标和169个子目标，涉及贫困、不平等、气候变化、和平安全等与我们每个人息息相关的内容，目标主要表述某一领域要达成的宏观的总体目标或是发展方向，呼吁全世界共同采取行动，消除贫困、保护地球、改善所有人的生活和未来。SDGs坚持包容性增长和经济、社会、环境协调发展的可持续发展理念，指导全球各国在2030年之前的发展政策和资金使用，在对人类和地球至关重要的领域中采取行动，消除贫困、保护地球、确保所有人共享繁荣。

图5 联合国可持续发展目标

二、SDGs在中国

作为全球最大的发展中国家，我国高度重视落实《联合国2030年可持续发展议程》。在2016—2020年的第一个五年期间，结合《国民经济和社会发展第十三个五年规划纲要》等中长期发展战略，积极推进可持续发展各项任务。围绕近年中国可持续发展方面的行动，2017年8月、2019年

9月和2022年6月外交部先后三次发布《中国落实2030年可持续发展议程进展报告》，对标SDGs的17个可持续发展目标和169个子目标，客观分析了中国对可持续发展目标的贡献、进展以及差距：

消除绝对贫困，保障粮食安全。2020年底，我国如期完成脱贫攻坚目标任务，现行标准下9899万农村原贫困人口全部脱贫，提前10年实现《联合国2030年可持续发展议程》的减贫目标，其中从2015年底到2020年，这5年共减贫5575万人①。农村原贫困家庭子女义务教育阶段辍学问题实现清零，原贫困人口全部纳入基本医疗保险、大病保险、医疗救助保障范围，全面实现住房安全和饮水安全有保障。原贫困地区基础设施快速发展，生产生活条件大幅改善，原贫困地区基本实现稳定可靠的供电服务全覆盖，贫困村通光纤和4G比例均超过98%。到2020年底粮食生产实现"十七连丰"，中国人的"饭碗"牢牢地端在自己的手里。

积极应对气候变化，推动全球绿色发展。我国坚持绿水青山就是金山银山理念，打响蓝天、碧水、净土"三大战役"，统筹山水林田湖草沙系统治理取得显著成效。实施积极应对气候变化国家战略，推进减缓、适应气候变化各项行动，加快发展方式绿色转型，坚定落实气候变化《巴黎协定》，积极参与全球气候治理，加大国家自主贡献力度。2015年底到2020年，森林覆盖率从21.66%提高至23.04%，森林蓄积量由151亿立方米提高到175亿立方米，全国地级及以上城市优良天数比率升至87%，主要污染物排放总量减少目标超额完成，水生态环境保护取得积极进展，碳强度累计下降18.8%，清洁能源占比增至24.3%。光伏和风能的装机容量、发电量居世界首位。碳强度下降约48.4%，超额完成应对气候变化相关目标。

经济平稳增长，增强发展韧性。近年来，我国经济运行总体平稳，国内生产总值从不到70万亿元增加到超过100万亿元，实现历史性突破，经济结构持续优化，第三产业增加值占GDP比重从51.6%增至54.5%，城镇

① 资料来源：《中国落实2030年可持续发展议程进展报告（2021）》。

新增就业人数超过 6000 万人。基础设施互联互通、可持续交通稳步推进，交通新业态新模式不断涌现。

第二节　乡村振兴携手可持续发展

乡村振兴是在可持续发展基础上的乡村经济社会全面进步，乡村振兴与可持续发展相辅相成。我国正在由一个传统的农业大国转向农业强国，坚持农业农村优先发展，坚持城乡融合发展，畅通城乡要素流动，扎实推动乡村产业、人才、文化、生态、组织振兴等，不仅旨在满足当代人的发展需要，也在为中国未来的可持续高质量发展创造良好的条件。从粮食安全到区域协调，再到全面推进乡村振兴，其中既有对基本需求的优先考虑，也有对城乡发展的现实性考量。可以说，乡村振兴从深层次融入了可持续发展的理念，看长远、看未来，是一个长期过程与目标。乡村振兴与 SDGs 的关系如图 6 所示。

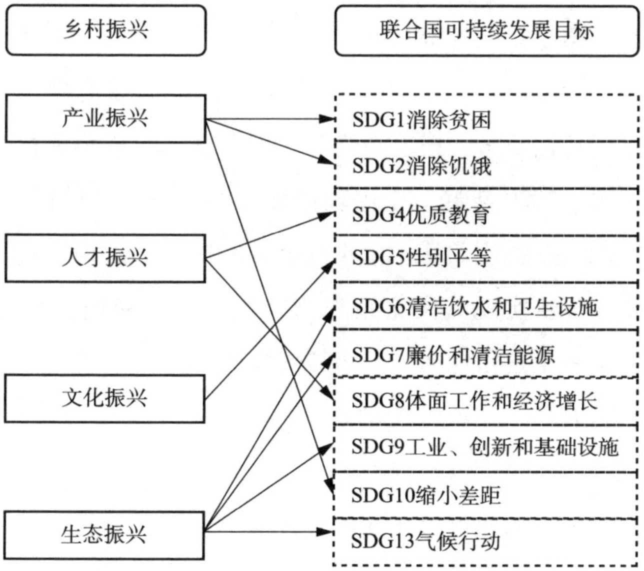

图 6　乡村振兴与 SDGs 的关系

中国实现可持续发展离不开乡村振兴。乡村振兴目标与 SDGs 能够实现充分对应：产业振兴有助于地区消除贫困（SDG1）、消除饥饿（SDG2）、缩小差距（SDG10）；优质教育（SDG4）、体面工作和经济增长（SDG8）可为实现人才振兴奠定良好的基础；推动乡村文化振兴可以促进性别平等（SDG5）；生态振兴可以助力提供清洁饮水和卫生设施（SDG6），加强工业、创新和基础设施建设（SDG9）、减缓其应对气候变化和自然灾害的风险和脆弱性（SDG13）等。乡村振兴是我国经济社会可持续、高质量发展的重要体现。

- 产业振兴：产业兴旺是乡村振兴的重要基础

推动乡村产业振兴，需紧紧围绕发展现代农业，围绕农村一、二、三产业融合发展，构建乡村产业体系，实现产业兴旺，把产业发展落到促进农民增收上来，全力以赴消除农村贫困，推动乡村生活富裕。2019 年，国务院发布《关于促进乡村产业振兴的指导意见》，明确力争用 5～10 年时间，使农村一、二、三产业融合发展增加值占县域生产总值的比重实现较大幅度提高，乡村产业振兴取得重要进展。对应消除贫困（SDG1）、消除饥饿（SDG2）、缩小差距（SDG10）。

消除贫困（SDG1）方面，我国参照联合国在全球消除一切形式的贫困的可持续发展目标要求，把消除绝对贫困、全面建成小康社会摆在治国理政的突出位置。2020 年底，中国现行标准下 9899 万农村贫困人口全部脱贫，832 个贫困县全部摘帽，12.8 万个贫困村全部出列。我国把消除贫困、改善民生、逐步实现共同富裕作为重要使命，强调全面建成小康社会，绝不能落下一个贫困地区、一名贫困群众，这与 2030 年可持续发展议程“不让任何人掉队”目标完全契合。

消除饥饿（SDG2）方面，我国参照联合国消除饥饿，实现粮食安全，改善营养状况和促进农业可持续发展目标要求，高度重视农业发展，将解决人民吃饭问题作为治国安邦的首要任务，坚持“以我为主、立足国内、确保产能、适度进口、科技支撑”的国家粮食安全战略，深入推动体制机制改革，促进农业生产提质增效。2016—2020 年，粮食作物播种面积稳定在 11600 万公顷以上，产量稳定在 6.5 亿吨以上，粮食人均占有量超过 470 公斤，高于 400 公斤的国际粮食安全标准线；水稻、小麦自给率保持在 100%以上，玉米自给率超过 95%。

缩小差距（SDG10）方面，中国遵循联合国减少国家内部和国家之间的不平等的可持续发展目标要求，贯彻协调发展和共享发展理念，保障人民平等参与、平等发展的权利，统筹推进高质量发展，逐步缩小城乡发展差距，稳步推进城乡协调发展，促进教育公平和充分就业，保障人民平等参与、平等发展的权利。实施脱贫攻坚、乡村振兴战略，推动城乡融合发展，缩小城乡差距，农村一、二、三产业融合发展持续推进，2022 年农产品加工营业收入预计超 18.5 万亿元。按《全国乡村产业发展规划（2020—2025 年）》的要求，2025 年农产品加工业营业收入达到 32 万亿元，农产品加工业与农业总产值比达到 2.8∶1，主要农产品加工转化率达到 80%。

- 人才振兴：人才是乡村振兴发展的基石

推动乡村人才振兴，要积极培养本土人才，鼓励外出能人返乡创业，鼓励大学生村官扎根基层，为乡村振兴提供人才保障。2021 年 2 月，中共中央办公厅、国务院办公厅印发了《关于加快推进乡村人才振兴的意见》，明确需加快培养农业生产经营人才，农村二、三产业发展人才，乡村公共服务人才，乡村治理人才和农业农村科技人才，到 2025 年，乡村人才振兴制度框架和政策体系基本形成，乡村振兴各领域人才规模不断壮大、素质稳步提升、结构持续优化，各类人才支持服务乡村格局基本形成。对应优质教育（SDG4）、体面工作和经济增长（SDG8）：

优质教育（SDG4）方面，我国遵循联合国确保包容和公平的优质教育，让全民终身享有学习机会的可持续发展目标要求，坚持“教育优先发展”的基本战略，持续加大财政投入，扎实推进城乡义务教育一体化，关注教育公平，针对原贫困地区和弱势群体出台系列优惠政策，使教育事业发展成果更多更公平惠及全体人民，努力推动中国教育事业朝着更加包容、公平、优质的方向发展。2016—2020 年，中央财政投入城乡义务教育保障经费超过 6000 亿元。实施农村义务教育学生营养改善计划，改善农村学生营养状况。2016—2020 年，中央财政累计安排营养改善计划膳食补助资金 1030 亿元。2021 年共安排学生营养膳食补助资金 260.34 亿元，比上年增长 12.9%。

体面工作和经济增长（SDG8）方面，我国参照联合国促进持久、包容和可持续的经济增长、促进充分的生产性就业和人人获得体面工作的可持续发展目标要求，坚持就业优先政策，坚持“一类一策”，多渠道促进更加充分更高质量的生产性就业。针对农民工，建立城乡劳动者平等就业制度，推进农民工转移就业和返乡创业。通过一系列举措支持灵活就业健康发展，建立了就业支持政策体系，通过开展职业技能培训进一步提升劳动者技能。

- 文化振兴：文化振兴是乡村振兴的灵魂

推动乡村文化振兴，要加强农村思想道德建设和公共文化建设，以社会主义核心价值观为引领，深入挖掘优秀传统农耕文化蕴含的思想观念、人文精神、道德规范，培育挖掘乡土文化人才，弘扬主旋律和社会正气，培育文明乡风、良好家风、淳朴民风，改善农民精神风貌，提高乡村社会文明程度，焕发乡村文明新气象。中国遵循联合国实现性别平等，增强所有妇女和女童权能的可持续发展目标要求（SDG5），将“坚持男女平等基本国策，保障妇女儿童合法权益”作为重要发展方向，中国政府始终高度重视推进男女平等和妇女全面发展。通过建立健全法律法规和政策体系、完善援助救助制度，保障女性的权益和全面发展。

- 生态振兴：生态宜居是乡村振兴的关键

推动乡村生态振兴，坚持绿色发展，加强农村突出环境问题综合治理，扎实推进《农村人居环境整治三年行动方案》，推进农村“厕所革命”，完善农村生活设施，打造农民安居乐业的美丽家园，让良好生态环境成为乡村振兴支撑点。

对于乡村地区而言，提供清洁饮水和卫生设施（SDG6），加强工业、创新和基础设施建设（SDG9），减缓其应对气候变化和自然灾害的风险和脆弱性（SDG13）对于可持续发展目标推动乡村生态振兴的实践具有重要意义。

清洁饮水和卫生设施（SDG6）方面，我国参照联合国为所有人提供水和环境卫生并对其进行可持续管理的可持续发展目标要求，通过一系列措施加强农村人居环境整治。实施《农村人居环境整治三年行动方案》，明确了推进“厕所革命”和污水治理等重点任务，全国农村卫生厕所普及率由2017年的35.3%提高到2020年的68%以上，累计改造农村户厕4000多万户。因地制宜推进农村生活污水治理，指导各地制（修）订农村生活污水处理排放标准，编制县域农村生活污水专项规划，科学确定符合农村地区的污水治理模式。颁布国家标准《农村生活污水处理工程技术标准》，组织修订《镇（乡）村排水工程技术规程》。先后命名两批120个全国农村生活污水治理示范县（市、区）。完成农村黑臭水体现状排查，推动治理试点工作。

廉价和清洁能源（SDG7）方面，我国参照联合国确保人人获得负担得起的、可靠和可持续的现代能源的可持续发展目标要求，以深化供给侧结构性改革为主线，构建清洁低碳、安全高效的能源体系，不断优化能源生产和消费结构，推动能源利用效率的提高。针对原贫困地区能源基础设施相对落后的情况，我国实施无电地区电力建设、农村电网升级改造、骨干电网建设等专项工程。2015年底已全面解决无电人口用电问题，实现用电人口全覆盖，提前15年完成可持续发展议程目标。截至2020年底，全国县级行政区全部接入大电网，国家原贫困县99.3%的行政村通上动力电，农村地区基本实现稳定可靠的供电服务全覆盖。大力实施能源扶贫，在全国范围内推广光伏扶贫工程，累计建设光伏扶贫电站规模2636万千瓦，惠及415万户贫困家庭。在原贫困地区建设大中型水电站、现代化煤矿、清洁高效煤电、风电等工程，在发展能源的同时，为原贫困地区创造了大量就业机会。

工业、创新和基础设施（SDG9）方面，我国参照联合国建设具备抵御灾害能力的基础设施，促进具有包容性的可持续工业化，推动创新的可持续发展目标要求，持续推动产业转型升级和高质量发展，不断增强工业化的包容性和可持续性。“十三五”期间，新改建农村公路超过 140 万公里，新增通客车建制村超过 3.35 万个，基础设施可及性不断提升。城乡基础设施互联互通成效显著，99.61%的行政村通硬化路，行政村通光纤、通 4G 比例均超过 98%。

气候行动（SDG13）方面，我国遵循联合国采取紧急行动应对气候变化及其影响的可持续发展目标要求，不断提高应对气候变化的能力，积极完善应对气候变化的国家战略，提前实现碳强度降低目标。强化灾害风险研判，组织实施灾害风险调查和重点隐患排查工程，加强灾害监测预警和评估制度建设。

第三章

乡村振兴与影响力投资

乡村振兴的投资需求涉及的地域与行业领域广泛，需要更多元、更具针对性的投资工具助力。2008—2017 年，社会资金占我国扶贫资金来源的比重以每年 46%的增长率持续上升，2017 年已占扶贫总资金的 46%，逾千家上市企业进入了产业扶贫领域，为我国的农村全面脱贫贡献了宝贵力量①。新时代，影响力投资“义利并举”的属性与推进乡村产业兴旺、实现乡村全面振兴的宗旨高度契合。

第一节　影响力投资概览

一、非传统投资的图谱

在传统投资中，以财务回报为核心的评价方式没有将每一笔投资对被投地区的社会和环境影响以及产业上下游所有利益相关方的影响纳入考量，因此以追求财务回报为绩效进行投资规划、资产配置和后续评估等。在全球投资向可持续方向靠拢的大趋势下，投资者往往考虑融合使用各类投资策略，以实现更优的财务绩效和影响力管理。企业或投资者过去通常采用公益慈善的方式实现创造正向的社会以及环境影响力，如向专业的公

① 资料来源：《中国扶贫开发年鉴》。

益机构捐赠或派遣员工提供志愿服务等。从平衡投资目标和影响力目标两个维度出发，过去几十年间，资本在以财务回报为核心的传统投资与以创造正向影响力为宗旨的慈善捐赠之间衍生出了多样化的投资方式与工具，包括融入了环境、社会、治理（ESG）作为非财务绩效的责任投资和可持续投资，以及致力于探索影响力解决方案同时兼顾一定财务回报的影响力投资。

图 7　资本的影响力图谱

可持续投资是一种考虑 ESG 因素的投资理念和方式。全球可持续投资联盟（GSIA）将可持续投资定义为一种在投资组合的选择和管理中考虑 ESG 因素的投资方法。广义的可持续投资包含了 ESG 投资、社会责任投资（Social Responsible Investing，SRI）和影响力投资等。[①] 联合国可持续发展目标公布后，可持续投资得到了社会广泛认可。根据 GSIA 的统计，截至 2020 年，全球可持续投资规模已达到 35.3 万亿美元。

影响力投资是资本在外部性与财务收益中的再平衡，具有前瞻性、强调主动性，其投资动机、最终目的就是创造一定的社会价值，通过运用资本解决环境或社会问题，是核心理念和战略层面的投资变革。影响力投资通常有行业负面清单，在实践中，影响力投资一般会从社会问题出发确定

① 王涵，卓泓，陈嘉媛．可持续投资：历史、现状与展望［J］．国际金融，2021（7）：17-25.

影响力主题展开投资活动，并且须对投资所产生的影响力进行度量和管理。

ESG 是由联合国、国际金融公司（International Finance Corporation，IFC）和瑞士政府于 2004 年提出的，旨在支持金融业在主流投资决策中考虑 ESG 问题，它更多的是一种投资策略，作为风险管理工具，且经常适应监管要求的被动行为。ESG 覆盖面较广，其负面筛选主要针对投资标的，而行业限制相对较少。

影响力投资与 ESG 投资广义上都属于可持续投资，均贡献于非财务的影响力创造，追求财务回报与正向影响力的平衡。影响力投资是更积极的 ESG 投资，ESG 为投资者提供了考察企业非财务指标的维度与工具，其评价指标体系和披露要求相对完善。

彭博行业研究（Bloomberg Intelligence）预测，到 2025 年，全球管理投资总量的 1/3 将具备 ESG 投资属性。伴随 ESG 投资实践经验的持续积累和利益相关方对 ESG 信息披露要求的期待日盛，ESG 尽责管理的理念和方法与影响力投资管理的宗旨已经越来越近。国际 ESG 尽责管理最佳举措示例见表 2。全球可持续投资策略增长情况见图 8。

表 2　国际 ESG 尽责管理最佳举措示例

类别	内容
治理与架构	• 在管理层面，设置尽责管理业务组或将尽责管理职能落实至投委会或其他高级管理层具体人员及其监督责任中，统筹规划组织维度参与和/或投票的政策制定和更新，以及定期履行公开信息披露等责任 • 在业务层面，规划尽责管理职能分工，将对每个投资组合/产品的参与和投票决策制定、实施、改善监控落实至各管理团队或在组织层面由尽责管理业务组统一执行
政策及规划	• 明确组织层面对 ESG 尽责管理理念认知并制定 ESG 尽责管理原则指引，阐明其如何支持机构整体投资目标及投资策略，并公示披露 • 通过制定股东参与和投票行动方针或政策，包括基于自身 ESG 风险敞口制定实践人员均需一致执行的优先参与 ESG 事项、重点 ESG 议题投票决策等，从而落实尽责管理价值理念，并管理潜在利益冲突

续表

类别	内容
机制与流程	• 建立投资组合 ESG 表现常态化监督机制，并在协商沟通后持续监控评估被投公司 ESG 表现改善情况和参与目标完成情况 • 尽责管理团队与 ESG 相关业务在筛选和识别投资组合内实质性 ESG 风险与机遇中，实现跨部门紧密协同合作，建立信息与评估分析交流正向循环机制，并共同为投资、退出、决策、风险管理等部门提供重要支持

资料来源：《中国 ESG 投资尽责管理之探索：理念、框架与展望》。

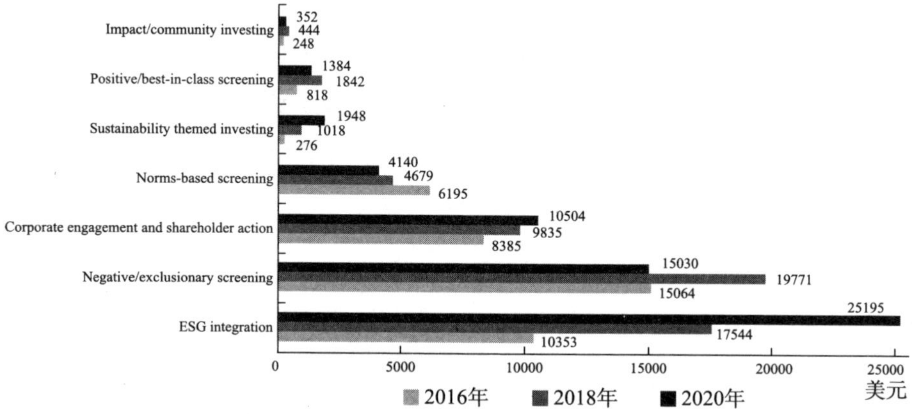

图 8　2016 年、2018 年和 2020 年全球可持续投资策略增长情况

数据来源：全球可持续投资联盟。

二、影响力投资的概念

影响力投资主动寻求积极的环境和社会影响，其提出者洛克菲勒基金会等机构认为，作为伴随一定的财务回报的投资方式，影响力投资更多强调的是社会影响力的可度量性及投资回报的可持续性。2010 年，全球影响力投资网络（Global Impact Investing Network，GIIN）发布了首份影响力投资报告，预测在当时作为新兴资产类别的影响力投资的资产管理规模将在未来 10 年（到 2020 年）达到 4000 亿~1 万亿美元[①]。2020 年，GIIN 数据显示影响力投资的资产管理规模在 7150 亿

① 资料来源：斯坦福社会创新评论。

美元左右，而国际金融公司（International Finance Corporation，IFC）的估值则达到 2.1 万亿美元。近年来，大型投资机构纷纷入局影响力投资，如 KKR 在 2020 年创立了 13 亿美元的影响力投资基金。影响力投资正逐渐成为平衡全球迫切的可持续发展资金需求与可持续的财务表现的重要方向。

与传统投资相比，影响力投资的初衷是在实现财务回报的情况下创造正面、可计量的社会与环境效应。具体来看，投资目的主要是投资者以投资为环境和社会带来正面效应为目标，主动投资于对环境和社会更为友好的产品和服务之中，保证资本运营投入产生正面的溢出效应。影响力量化代表着投资者对为社会和环境提供友好产品和服务的绩效进行量化和评估，明确资金的去向、用途和投资的量化影响，进一步了解投资产生的影响力程度。就世界范围而言，普惠金融是影响力投资早期的典型案例。

投资与影响力的结合并非新兴事物，投资天然产生影响力，即“外部性”。外部性理论最初由马歇尔提出；后由三位著名经济学家马歇尔（Alfred Marshal）、庇古（Arthur Cecil Pigou）和科斯（Ronald H. Coase）不断完善；形成了外部性的最终定义，“一个人或一群人的行动和决策使另一个人或另一群人受损或受益的情况”。依据受损和受益情况的不同，又可以将其分为正外部性和负外部性。正外部性是某个经济行为个体的活动使他人或社会受益，而受益者无须花费成本；负外部性是某个经济行为个体的活动使他人或社会受损，而造成负外部性的人却没有为此承担代价。由于存在外部性，会产生私人成本和公共成本，以及私人收益和公共收益的不对等。存在负外部性的商品和服务，会使公共成本大于私人成本；而存在正外部性的商品和服务，会使公共收益大于私人收益。

影响力投资就是产生正外部性的一种投资。其发展以外部性理论为重要理论支柱。外部性理论同样对其产生重要启示，最为直观的就是对于生态环境、公共资源等各类公共物品，仅仅依靠市场机制解决相关问题是不够的，还需要借助政府进行干预和管制。

影响力投资的特征：植根资本（Root Capital）案例

植根资本是一家活跃于撒哈拉以南非洲、拉丁美洲等发展中国家和地区的农业贷款机构，通过提供信贷和顾问、培训服务，植根资本为小规模农业人口创造更积极的经济和产业生态。

对于发展中地区、以农业为谋生手段的地区而言，由于其农业面临规模化和市场化的困境，往往容易陷入贫困的陷阱，同时加大其获得资金的难度。植根资本通过增加这些边缘地区农业企业获取信贷的机会，并提供能力建设和产业链支持，为农民提供肥料和农业方法培训，并与全球卖家建立合作，形成如咖啡、可可、豆类、蜂蜜等农产品的全球和区域供应链，助力农民的可持续增收进而摆脱贫困。

植根资本建立了一个贷款的风险溢价预测模型，并将其纳入成本管理，最终实现一定财务回报。植根资本填补了商业银行未覆盖的人群和企业，并灵活地利用商业资本和慈善资金，形成了既平衡财务风险，又惠及弱势人群的投资管理方式。

三、影响力投资的现状及挑战

（一）影响力投资在世界

2020 年，全球影响力投资的市场规模约为 7150 亿美元，近八成影响力投资机构位于发达经济体，两成位于新兴经济体。近七成参与 GIIN 调研的影响力投资机构（约 210 家）认为影响力投资在其所在地区正稳步成长。民生领域在 2015—2019 年的五年中始终受到影响力投资者的青睐，能源、金融服务（不包括小额信贷）和小额信贷是资金规模最大的三个领域。水、卫生及健康领域的资金规模增速最快，制造业、教育和文化艺术等领域的资金规模正在缩小（见图 9 和图 10）。

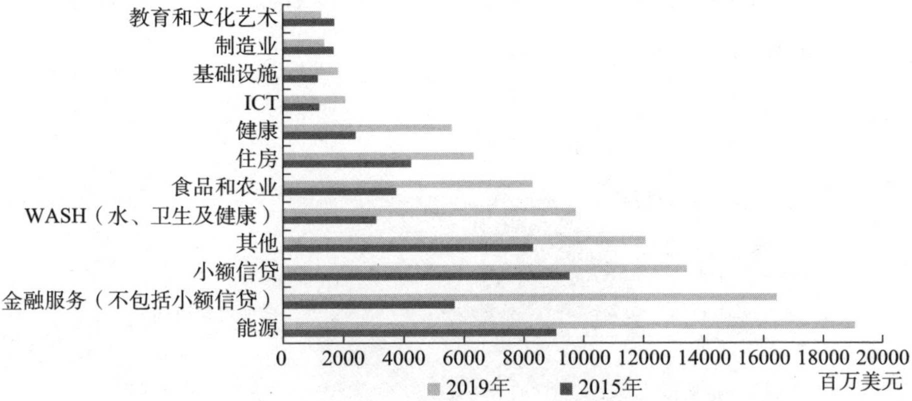

图 9　2015 年和 2019 年全球影响力投资领域的资金规模

数据来源：Global Impact Investing Network.

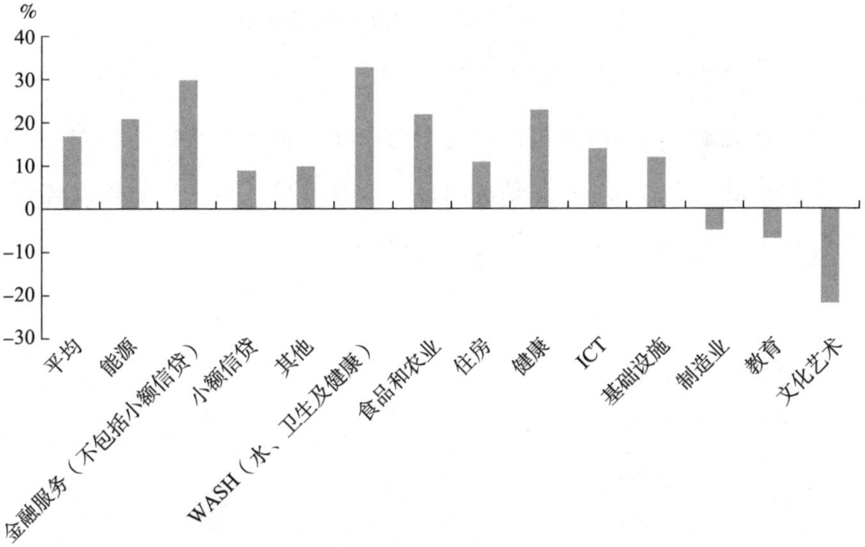

图 10　2015—2019 年全球影响力投资领域资金规模年复合增长率（CAGR）

数据来源：Global Impact Investing Network.

从影响力投资机构的类型分析，商业投资机构是影响力投资的主力，数量占比为50%，非营利组织和基金会参与的影响力投资的机构数量近三成。总体而言，参与影响力投资的机构类型多元，如家族办公室、养老基金和保险公司等商业属性的投资者正在加入影响力投资队伍（见图 11）。

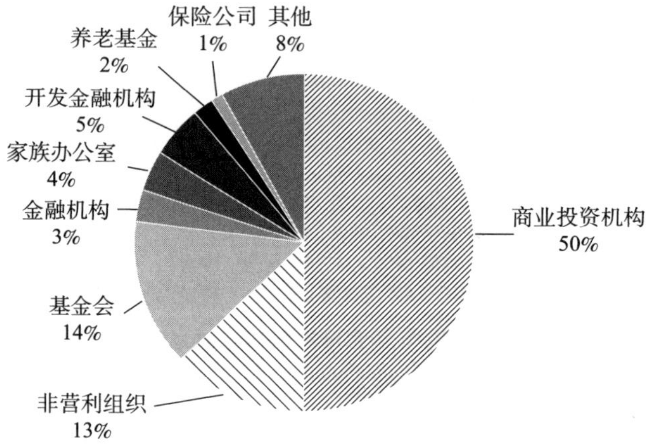

图 11　影响力投资机构的类型及分布

数据来源：Global Impact Investing Network（GIIN）.

近七成全球影响力投资机构设定了与市场回报率相当的目标财务回报率，仅 15%的投资者以资产保值为目标（见图 12）。这一定程度上体现了投资者对影响力投资在财务回报表现上的信心。

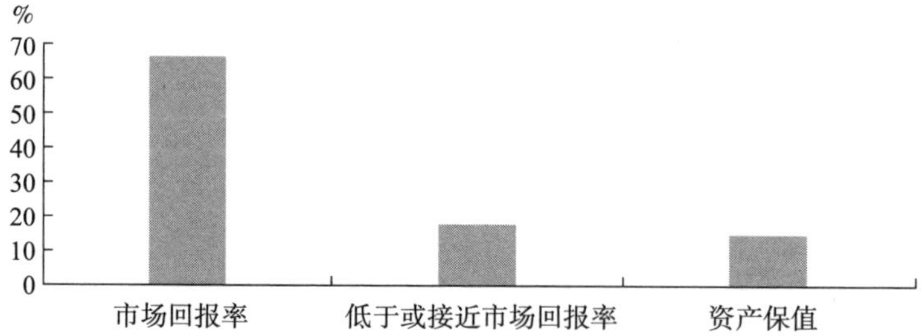

图 12　影响力投资机构的目标财务回报率

联合国 2030 年可持续发展目标提出后，包括政府、企业、公众、非政府组织等在内的各类利益相关方对资本有可能产生的社会及环境效益产生了前所未有的关注，联合国责任投资原则组织（UNPRI）作为全球影响力最大的责任投资组织，吸引了越来越多的投资方加入，截至 2022 年 3 月，签署负责任投资原则的资产管理者已超过 4900 家，所管理的资产规模约 121 万亿美元①。

（二）影响力投资在中国

影响力投资概念兴起后不久即被引入中国，三类主体是推动影响力投资在我国发展的主要力量：专业的影响力投资基金，传统非营利组织和传统金融机构②。

- 专业的影响力投资基金

作为在影响力投资浪潮中踏浪而生的专门投资机构，影响力投资基金采用了类似于传统风险投资基金（VC）的运作方式，有别于传统风险投资，此类基金提供中长期（3~8 年）的耐心资本，对财务回报和周期的要求更为灵活。

2007 年后多家海外的影响力投资基金进入中国，成为此类主体的主要组成部分，如 Avantage Ventures、LGT 公益创投。与参与影响力投资的传统非营利组织和金融机构相比，影响力投资基金因为在海外已有相关经验，因此具备更为成熟的商业投资运作模式，且人员多具备投资领域的专业背景。但往往因为进入中国市场时间短以及规模较小，对本土情况和行业风险的了解程度不及其他两类机构。

- 传统非营利组织转化

此类机构通常拥有明确的使命，在社会企业和影响力投资概念的普及过程中，传统非营利组织开始尝试新的组织形态和运作模式，将公益使命和商业模式进行融合，逐步转变为投资社会企业的影响力投资机构。

这类影响力投资机构数量不多，其中包括部分公益基金会进行的影响力投资实践，如友成企业家扶贫基金会、中国社会企业与影响力投资论

---

① UNPRI, Quarterly signatory update, 2022.

② 高嵩，郭沛源，等．影响力投资在中国［EB/OL］. https：//www. gPcommon. org/cn/2013/06/27/impactinvestment-in-china, 2013.

坛、北京乐平公益基金会、南都公益基金会等。由于社会企业在中国尚处于探索阶段，所以这类机构存在缺乏可投资对象的现状，而目前其主要采用“资质+公益创投”的模式。

- 传统金融机构

还有一类较具争议的影响力投资机构是商业银行和基金公司等传统金融机构，此类机构从已有的、成熟的盈利模式和目标出发，将社会或环境因素作为业务的新附加值，开发出新产品，如绿色金融贷款和中小企业融资。尽管此类机构的影响力投资属性较弱，但因金融机构体量庞大，撬动的社会或环境效益不容忽视，对引导私人资本进入影响力投资领域具有重要意义。

我国参与早期中国影响力投资的三类机构中，境外进入的专业影响力投资机构并未出现规模化增长，反之基金会、非营利组织类对影响力投资更为踊跃，多家公益组织如爱佑基金会、億方基金会、恩派公益创投积极加入影响力投资领域，因此我国的影响力投资多以影响力优先而投资属性不足[①]。根据中国社会企业与影响力投资论坛在2019年进行的调研，基金会投资者当年投资新增规模集中在100万~1000万元，商业投资机构的新增投资额在规模上分布相对均匀（见图13）。投资财务回报方面，商业投资机构均实现了目标财务回报，甚至有20%高于预期，基金会的投资有三成低于财务回报预期[②]。

受政策驱动，我国的绿色投资和ESG投资已经成为可持续投资在规模上的中坚力量：2022年，我国绿色信贷余额达20.9万亿元，绿色债券发行总量达1.67万亿元；ESG公募基金规模近5000亿元，ESG私募股权基金约2700亿元（见图14）。绿色投资和ESG投资的成长，对影响力投资进一步在我国的推广和影响力管理工具的开发与完善创造了有利环境。

---

① 郭沛源．影响力投资在中国的出路，2019.

② 资料来源：中国社会企业与影响力投资论坛。

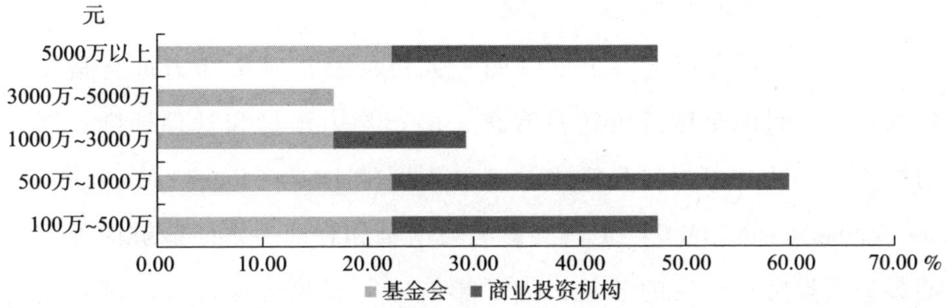

图 13　中国影响力投资机构资金规模

数据来源：中国社会企业与影响力投资论坛。

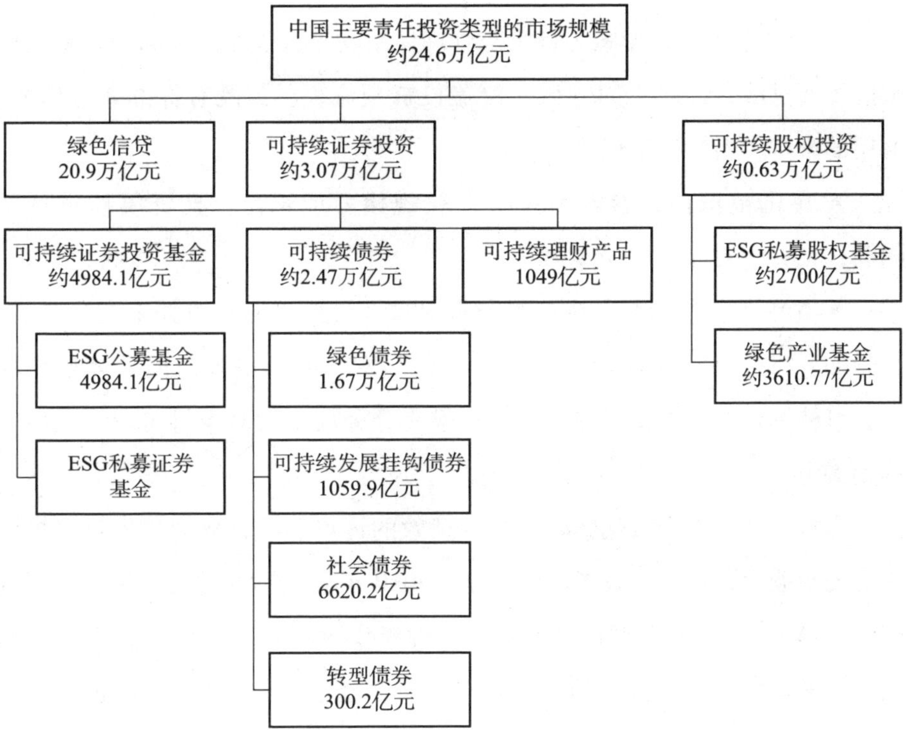

图 14　2022 年中国主要可持续投资类型及规模

数据来源：中国责任投资年度报告 2022。

（三）影响力投资的主要挑战

影响力投资有别于传统投资的一大特征就是对影响力进行量化衡量和管理，目前全球范围还没有统一的影响力衡量和管理标准，影响力投资人一般会根据自身需求，选取不同的 IMM（Impact Measurement and Management，IMM）工具。影响力衡量和管理一方面能够向外部证明影响力投资所产生的效益，为“影响力”提供合法性，以区别于传统投资；另一方面能够帮助投资者改善管理。作为影响力投资的核心特征之一，量化并主动管理、披露投资的影响力对于影响力投资的可信度、透明度和长期发展极为关键，如 SDGs 是目前使用最为广泛的影响力管理框架。

- 全球范围内，影响力衡量与管理体系的完善依然是大部分投资者面临的主要挑战，针对不同领域、覆盖投资全流程、与既有标准兼容协同、通用的影响力指标体系仍待完善；
- 中国范围内，影响力投资存在规模效应不足、投资属性较低的问题；
- 影响力投资乃至可持续投资对促进乡村振兴的潜力并未充分释放。尽管如乡村振兴债券等社会债券的品种和发行有所增长，但整体规模较小，可持续资金集中流向绿色领域，未充分释放金融对乡村可持续发展的推动潜力。

影响力评估作为量化影响力投资绩效的评价形式，成为越来越多投资者开展影响力投资决策时考虑的因素。2019 年 4 月，世界银行集团下属的国际金融公司（IFC）发布《影响力管理操作原则》（见表 3），明确将影响力的考量因素纳入投资的全过程。同时，基于操作原则，IFC 进一步明确了衡量影响力投资的评估指标（见表 4）。

表 3　影响力管理操作原则

原则	内容
战略意图	1. 确定与投资战略相一致的战略影响目标 2. 在投资组合中管理战略影响和财务回报
组织框架	3. 确立投资者对于影响力实现的贡献 4. 基于系统化的投资方法评估每一项投资的预期影响 5. 评估、解决、监测和管理每一项投资负面效应带来的潜在风险
投资组合管理	6. 监测每一项投资在实现影响的过程中相较预期的进度，并适时作出回应
退出影响力	7. 退出时考虑对持续影响力的影响 8. 基于影响力的达成情况及学习内容，审查、记录、改善决策和进程
独立验证	9. 公开披露原则的一致性，定期开展独立性验证

表 4　影响力投资评估指标

级别	评估指标
第一级：产品或服务层级	1. 提供更多的产品或服务 2. 产生更多的收入 3. 服务更多人群或社区 4. 拓宽覆盖地理区域
第二级：产业或市场层级	5. 更有效地解决社会问题或需求 6. 开创新产业、领域或市场 7. 开展社会运动
第三级：政策或法律法规层级	8. 修订政府政策 9. 修订法律法规
第四级：行为、理念或价值层级	10. 改变个人行为 11. 改变公众对某一问题的意识或看法 12. 改变价值观、规范或文化

整体来看，影响力投资已在全球掀起一股热潮。如 GIIN 所述，影响力投资发展趋势主要体现为：①通过建立明晰的准则及标准增强影响力投资的认同感；②通过将影响力与绩效挂钩，重塑投资者的行为和期望；③拓宽影响力投资的产品从而服务更多的投资者；④发展工具和服务以支持将影响力整合至投资者日常分析、资金配置和交易活动之中；⑤通过教育和培训提高影响力投资意识，从而维持影响力实践的完整性；⑥加大政策和

监管力度，打造有利于开展影响力投资的环境。未来，随着国际及各国政府关于影响力投资政策和制度的不断完善，影响力投资的规模和范围将不断扩大，影响力投资生态体系将逐步趋于成熟。

第二节　影响力投资、ESG助力乡村振兴

作为国家战略，乡村振兴是我国高质量发展的压舱石，有明确的实施原则、路径与方案。党的十九大报告提出实施乡村振兴战略，2018年中央一号文件提出制定乡村振兴法，明确将乡村振兴政策法定化，彰显和发挥立法在乡村振兴中的保障和推动作用。

乡村振兴本质上是以高质量可持续发展逐步消解长期以来形成的城乡二元结构，实现农业现代化和农村社会全面发展，不断改进农民生产、生活条件，实现城乡融合、协调发展。但一般而言，市场机制作用背景下，社会资本往往对经济基础好、产业规模效应高的地区具有投资偏好，且农业部门相关领域和行业投资回报率低、周期较长。从整体看，乡村振兴领域社会资本投资意愿较低。脱贫攻坚8年期间，我国财政投入近1.6万亿元。而据农业农村部2019年测算，落实我国乡村振兴战略规划，5年内需要投入逾7万亿元，考虑到实施乡村振兴战略的时间跨度，对资金的可持续性要求较高。据联合国数据，全球发展中国家面临实现可持续发展目标的资金缺口每年高达2.5万亿美元，如按照中国占全部发展中国家GDP的比例测算，则中国实现最低限度的可持续发展资金约需9万亿元，如以进一步缩小中国城乡差距为目标，中国的可持续发展资金需求将达到27万亿元。综合估算我国财政资金、乡村振兴专项债、土地出让收益、土地增减挂钩调剂和流转收入以及信贷资金等每年可行的投入后，我国乡村振兴面临资金投入来源不足、仍然存在较大缺额的现实。

以政府、国资背景为主导的产业基金，采用市场化运作方式，发挥引

导作用，广泛吸引社会资本投入，实现资金的滚动循环和增值放大，有助于为服务乡村振兴提供更广泛的支持。将 ESG 与影响力投资理念融合共同服务乡村振兴有着积极的现实意义，三者在目标、工具体系、支持方式和作用对象上能够实现充分融合。

- 共同的目标

影响力投资与 ESG 将环境与社会的外部性纳入投资考量，创造正面、可计量的社会与环境效应。与单看重财务回报的投资不同，影响力投资更看重投资产生的社会效益，与市场化的乡村振兴投资有着近似共同的目标，两者又能相互补充。从投资地域和投资领域出发，将影响力投资应用到乡村振兴中，通过市场化运作方式，发挥引导作用，能够为乡村振兴领域社会资本不足提供补充；影响力投资与 ESG 可以提高乡村振兴投资效益，其投资框架和评价体系选择，能够为乡村振兴投资量化社会效益提供充分借鉴。近年来，资本下乡一直是社会关注的焦点，影响力投资与 ESG 要素融合，能够引导资本负责任地下乡，关注长远，并有更强的意愿融入乡村。

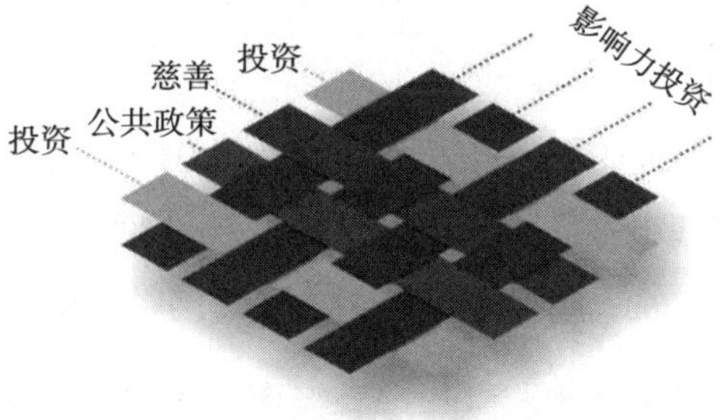

图 15　影响力投资图示

- 兼容互通

影响力投资是一种从投资、慈善和公共政策三方面开展的社会创新，以投资为手段，支持公共政策的落实，填补公共资源的空缺，在追求一定回报的同时实现影响力的目标（见图 15）。从关注领域与特征看，影响力投资与在乡村振兴领域投资都关注民生领域的社会效益，关注长远目标，同时二者在工具层面又有充分的融合空间，对于开展市场化乡村振兴投资的机构而言，正在逐渐成熟的影响力投资体系能够提供良好的参考方向。

影响力投资深化完善的主要挑战之一来自IMM的建立。IMM本质不仅是一种评估要求，而且是提升投资和商业决策的工具，对于创造长期价值、提升民生福祉有着重要作用。乡村振兴与影响力投资追求正外部性契合，乡村振兴政策体系的完备也为影响力投资IMM提供了新的参照。以影响力投资的理念融合乡村振兴的政策目标，需要系统化的影响力衡量框架、充分考虑各领域下数据的可得性与质量，平衡数据获取与管理成本，同时与现有相关标准兼容互通。

ESG投资作为可持续投资谱系下发展最为迅速、制度相对完善、工具开发领先的投资手段，其指标体系能够为影响力投资的IMM提供有力借鉴。ESG体系的可量化、可追踪和可披露为服务于乡村振兴的影响力投资者提供了有力的影响力衡量框架，在跨地区、跨行业的影响力管理中为投资者创建更为标准化的影响力指标体系减少了阻碍，同时ESG作为一种更为通用的“语言”，更有利于投资者向利益相关方进行沟通和影响力披露，以促进更可信、更透明的影响力投资实践。

- 功能型县域

在国家发展改革委印发的《2019年新型城镇化建设重点任务》中，首次提到了“收缩型城市”，即在城镇化的过程中将经历人口规模和人口密度的下降，据统计，在全国2851个县级行政区中，将有836个县域面临收缩。与此相对，城镇化推动人口在中心城市快速集聚，全国1039个发达县域，主要包括京津冀、长三角等20个主要城市群所辖县，作为（未来）发达县域，是中国打造世界级创新平台和经济增长极的主要阵地。与此同时，剩余的598个县域处于非核心区域，但经济基础良好，是城乡融合发展的重要功能区，因为其过往缺乏市场化要素的流入，发展潜力尚未激发。

三类县域中，发达县域的市场化程度最高，对资金等资源要素的吸引力最强。功能型县域作为新型城镇化的重要承载，围绕专业优势培育特色产业，逐步形成由本土龙头企业带动的、全产业链发展的特色产业集群，有助于不断壮大县域经济实力，但功能型县域可能面临发展周期较长、难以满足传统投资财务回报周期等要求的困境，吸引商业资本的能力较弱，投资面临缺口，是最需要影响力投资支持的县域（见图 16）。

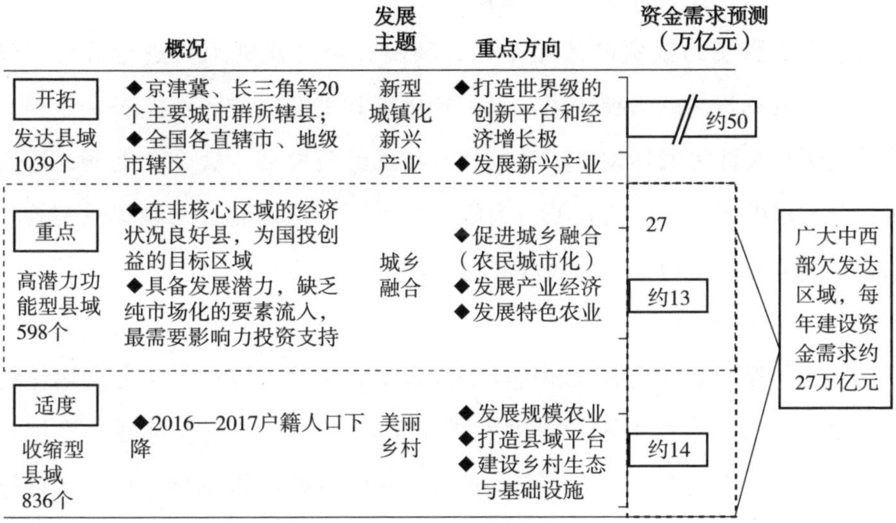

注：我国共2851个县级行政区，其中378个县域数据不可得，
目前832个贫困县中，有192个属于高发展潜力的功能型县域。

图 16　中国的三类县域

从影响力投资作为联结公共政策、慈善和资本之间关系的战略定位出发，功能型县域具备较高成长潜力，追求社会责任与财务回报“双重目标”的影响力投资可以填补乡村振兴资金缺口、提高公共投资效率，在提供投资指引、推动使用影响力的度量与管理和完善市场化生态补偿等方面释放出巨大的潜能，能够与功能型县域发展需求充分对应。

- 产业引导作用

产业兴旺是乡村振兴的基础。在区域协调发展的战略规划下，产业结构优化，尤其是制造业梯度转移能够为相对落后县域带来新的发展机遇。对于功能型县域，打造支柱型产业、完善产业链发展，充分发挥产业对民生、社会、环境正向效益的带动作用，能够更有效地释放当地发展潜力，巩固脱贫攻坚成果，实现可持续发展，促进乡村振兴。据测算，我国制造业产业转移所需的投资规模占区域发展战略总资金需求的63%，约合1.62万亿元，其中绝大部分将落地在功能型县域（约1.5万亿元）。此外，能源转型、现代农业和医疗服务业等重点行业在功能型县域和收缩型县域均存在大量适合社会资本的投资需求。

立足于影响力投资的战略定位，利用影响力投资工具进行分析、决策，充分发挥资金的引导作用，以市场化方式带动优质产业龙头企业和上市公司更加关注欠发达地区、县域和乡村的经济发展，资金才能畅通地流入经济发展的各个区域与领域，为解决发展不平衡不充分问题提供有效支持，最终助力当地可持续发展和乡村全面振兴。

- 市场化运作

从乡村振兴的资金需求和目前的投资实践来看，以市场化方式运作的产业基金“造血”能力强，能够有效推动产业兴旺，为乡村振兴厚植基础，是乡村振兴长期、可持续资金投入的重要支撑。市场化运作的乡村振兴产业基金在我国正呈现出方兴未艾的发展势头。中共中央、国务院出台的一系列关于乡村振兴的政策文件多次提出鼓励、支持设立市场化乡村振兴基金，撬动金融资本、社会力量参与支持乡村产业发展。2019年《国务院关于促进乡村产业振兴的指导意见》，2021年中央一号文件，2021年与2022年的《社会资本投资农业农村指引》以及《中华人民共和国乡村振兴促进法》均对设立乡村振兴产业基金提出了明确要求。据统计，截至2022年1月，全国范围内的乡村振兴基金累计设立数量为169只，总规模达到1400亿元，涉及22个省份，按年份统计的乡村振兴基金新设立规模占当年度中基协新备案私募股权投资基金总体规模的比例呈明显上升趋势，其资金来源广泛，不乏社会资本和市场化投资机构，显示出市场化产业基金投资正成为金融服务乡村振兴的重要方式，成为影响力投资、ESG融合服务乡村振兴的重要支撑。

第二篇

乡村振兴影响力产业投资基金的实践

乡村振兴是实现共同富裕的必由之路。近年来，我国政府对乡村振兴的财政支持力度不断加大，如2022年中央财政衔接推进乡村振兴的补助资金在按照只增不减的原则上增加了近85亿元，达到1650亿元，但由于乡村振兴较大的资金需求，依然迫切需要建立更多元的资金支持渠道。近年来，一系列关于社会资本助力乡村振兴的战略规划和指导意见相继出台（见表5），释放出支持金融服务乡村振兴的积极信号，逐步引导和撬动社会资本投入乡村振兴建设之中。

表5　金融助力乡村振兴有关政策

时间	单位	政策名称	主要内容
2019年1月	中国人民银行、银保监会、证监会、财政部、农业农村部	《关于金融服务乡村振兴的指导意见》	建立健全多渠道资金供给体系，拓宽乡村振兴融资来源。鼓励有条件的地区发起设立乡村振兴投资基金，推动农业产业整合和转型升级
2021年1月	中共中央、国务院	《关于全面推进乡村振兴加快农业农村现代化的意见》	发挥财政投入引领作用，支持以市场化方式设立乡村振兴基金，撬动金融资本、社会力量参与，重点支持乡村产业发展
2021年4月	中国银保监会办公厅	《关于2021年银行业保险业高质量服务乡村振兴的通知》	从优化“三农”金融服务供给体系和机制、强化关键领域金融供给、提升县域金融服务质效、充分发挥保险保障作用、创新涉农金融产品和服务方式、强化巩固拓展脱贫攻坚成果同乡村振兴有效衔接的金融支持、加强农村信用体系建设、加强差异化监管考核引领等八个方面提出了2021年银行业保险业高质量服务乡村振兴工作要求

续表

时间	单位	政策名称	主要内容
2021年4月	全国人大常委会	《中华人民共和国乡村振兴促进法》	国家建立健全多层次、广覆盖、可持续的农村金融服务体系，完善金融支持乡村振兴考核评估机制，促进农村普惠金融发展，鼓励金融机构依法将更多资源配置到乡村发展的重点领域和薄弱环节
2021年5月	中国人民银行、中央农办、农业农村部、财政部、银保监会、证监会	《关于金融支持新型农业经营主体发展的意见》	从加强信息共享、增强金融承载力、健全金融服务组织体系、推动发展信用贷款、拓宽抵押质押物范围、创新专属金融产品和服务、完善信贷风险监测分担补偿机制、拓宽多元化融资渠道、提升农业保险服务能力、强化政策激励等方面，对做好新型农业经营主体金融服务提出了具体要求
2021年5月	中国人民银行、银保监会	《金融机构服务乡村振兴考核评估办法》	中国人民银行和银保监会依据金融服务乡村振兴有关政策规定，对银行业金融机构（以下简称金融机构）服务乡村振兴工作成效进行综合评估，并依据评估结果对金融机构实行激励约束的制度安排
2021年7月	中国人民银行、银保监会、证监会、财政部、农业农村部、乡村振兴局	《关于金融支持巩固拓展脱贫攻坚成果　全面推进乡村振兴的意见》	鼓励上市公司、证券公司等市场主体设立或参与市场化运作的脱贫地区产业投资基金和公益基金，通过注资、入股等方式支持脱贫地区发展
2021年9月	中国银保监会办公厅	《支持国家乡村振兴重点帮扶县工作方案》	银行保险机构要大力支持重点帮扶县巩固拓展脱贫攻坚成果同乡村振兴有效衔接。支持重点帮扶县发展优势特色产业，夯实产业发展基础。信贷投放要聚焦服务实体经济发展，符合产业发展方向。支持保险公司发挥保险资金长期投资优势，积极参与重点帮扶县经济社会建设
2022年3月	中国人民银行	《关于做好2022年金融支持全面推进乡村振兴重点工作的意见》	指导金融系统优化资源配置，精准发力、靠前发力，切实加大“三农”领域金融支持，接续全面推进乡村振兴，为稳定宏观经济大盘提供有力支撑

续表

时间	单位	政策名称	主要内容
2022年7月	农业农村部办公厅、国家乡村振兴局综合司、国家开发银行办公室、中国农业发展银行办公室	《关于推进政策性、开发性金融支持农业农村基础设施建设的通知》	引导政策性、开发性金融支持适度超前开展农业农村基础设施投资，撬动更多中长期信贷资金高效率、低成本倾斜流入农业农村，助力全面推进乡村振兴，加快农业农村现代化
2023年1月	中共中央、国务院	《关于做好2023年全面推进乡村振兴重点工作的意见》	抓紧抓好粮食和重要农产品稳产保供、加强农业基础设施建设、强化农业科技和装备支撑、巩固拓展脱贫攻坚成果、推动乡村产业高质量发展、拓宽农民增收致富渠道、扎实推进宜居宜业和美乡村建设、健全党组织领导的乡村治理体系、强化政策保障和体制机制创新

资料来源：各大政府网站。

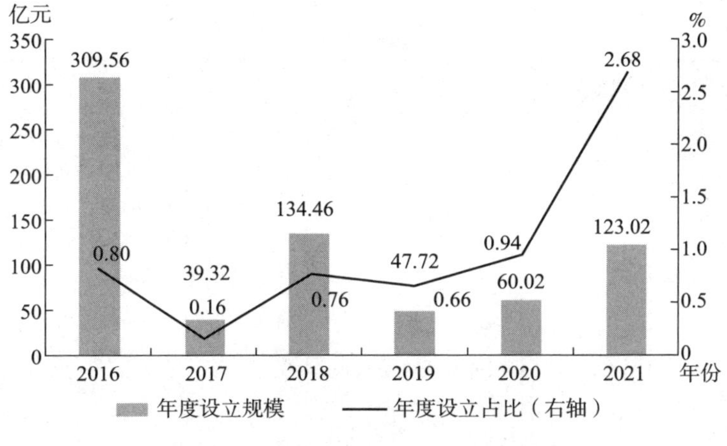

图17　乡村振兴基金设立规模及占比

以政府财政资金为引领，撬动社会资本多方参与乡村振兴投资之中，引入市场化机制，构建多层次的乡村振兴金融体系，拓展社会力量参与支持乡村振兴的深度和广度，有利于进一步扩大乡村产业规模，以产业振兴推动乡村全面振兴。其中，国有资本以私募基金模式参与到乡村产业建设中，是实现多元化资本下乡的重要路径，通过对基金投资科学规范的管理，最大限度地控制投资风险的同时为乡村产业发展提供资金支持。

党的十八大以来，为推进脱贫攻坚战略，经国务院批准，由财政和中央企业出资，先后成立了贫困地区产业发展基金（现更名为欠发达地区产业发展基金，以下简称欠发达地区基金）和中央企业贫困地区产业投资基金（现更名为中央企业乡村产业投资基金，以下简称央企乡村投资基金），两只市场化国家级基金全部委托国家开发投资集团有限公司下属基金管理人——国投创益产业基金管理有限公司（以下简称国投创益）管理。秉持“为国而投、为民创益”的理念，以市场化运作，专业化管理，紧紧围绕乡村振兴战略开展影响力投资，持续引导资金投入欠发达地区，持续通过产业基金投资来服务乡村振兴，助力乡村产业发展。

国投创益目前受托管理欠发达地区基金、央企乡村投资基金、大同贫困地区产业能源发展基金、安康乡村科技振兴发展基金（原安康贫困地区科技产业发展基金）等9只基金（见表6）。

表6　国投创益受托管理基金

基金名称	成立时间	发起单位	规模及目的
欠发达地区产业发展基金	2014年6月	财政部、中国烟草总公司、国投集团	基金规模28亿元，投向欠发达地区的种植业、养殖业、农副产品加工业、旅游业、林业、清洁能源、节能环保、现代物流、高新科技、文化创意、健康医疗、资源等产业
中央企业乡村产业投资基金	2016年10月	国务院国资委牵头、财政部参与发起，由96家中央企业参与出资	募集资金337.43亿元，主要投资于欠发达地区资源开发利用、产业园区建设、新型城镇化发展等，优先支持吸纳就业人数多、带动力强、脱贫效果好的项目，重点支持贫困人口多、贫困发生率高的省区、革命老区、少数民族地区和边疆地区
大同贫困地区产业能源发展基金	2019年7月	央企乡村投资基金、太行产业投资基金、大同市引导基金及大同市所辖7县的国有企业等	基金规模3.2亿元，一方面致力于通过移植式搬迁将成熟的产业实体引入大同贫困地区；另一方面致力于通过赋能式管理培育大同当地产业雏形做大做强

续表

基金名称	成立时间	发起单位	规模及目的
安康乡村科技振兴发展基金	2020年4月	国投创益、陕西省科控集团、安康市人民政府	基金规模2亿元，主要投向符合安康市主导产业发展方向、具有较高科技含量和成长性、扶贫效益显著的企业或项目
厦门创益盛屯新能源产业投资基金（有限合伙）	2021年8月	国投创益、央企乡村投资基金、盛屯集团	基金规模30亿元，是国投创益与产业方共同合作、共同布局产业上下游的首次尝试，主要投向新能源汽车产业链的优质企业，包括上游金属资源、锂电材料、中游电池、电机、电控、其他零部件等
影响力产业基金	2021年9月	国投创益、央企乡村投资基金、光大永明保险	基金规模23亿元，是国投创益首次和保险资金合作，致力于影响力投资，主要投向高新技术、高端制造、新材料、能源环保、企业服务、大健康和大消费相关行业
影响力种业产业基金	2021年9月	国投创益、央企乡村投资基金、现代种业发展基金、国投泰康信托、光大永明人寿保险	基金规模30亿元，按照ESG投资理念，专注于农业科技领域，助力农业现代化转型及种业振兴
影响力新能源产业基金	2021年10月	央企乡村投资基金、欠发达地区基金、国投创益	基金规模15亿元，按照ESG投资理念，专注于新能源领域，助力碳达峰、碳中和，推进低碳绿色发展
海南穗达股权投资基金	2022年2月	国投创益、农银资本管理有限公司	基金规模15亿元，围绕海南特色资源，发挥农行地方网点优势开展项目投资，助力地方乡村振兴

截至2022年底，国投创益累计投资项目233个，投资金额583.32亿元，撬动社会资本超过3500亿元，带动就业380万人次，为就业人口增加收入4000亿元，为地方政府贡献税收超1000亿元，现已成为中央企业服务国家脱贫攻坚和乡村振兴战略的重要载体和特色品牌，2018—2021年，国投创益运营管理国家产业基金助力脱贫攻坚和乡村振兴成果经验受到党中央、国务院高度关注，先后6次被国家领导人批示，2021年荣获党中央、国务院“全国脱贫攻坚先进集体”称号，2022年加入联合国责任投资

原则组织（见表 7）。

表 7　国投创益荣誉奖章

年度	奖项
2016	年度国投集团先进集体
2017	年度国投集团先进集体
	中国社会责任百人论坛“精准扶贫奖”
2018	中国社会责任百人论坛“精准扶贫奖”
	年度推动中国产业扶贫特别贡献奖
	国务院原扶贫办 2018“企业扶贫 50 佳案例”
	中国企业社会责任卓越企业奖
	年度卓越企业
	年度推动中国产业扶贫特别贡献奖
2019	第二届中国优秀扶贫案例奖
	年度产权交易金融创新奖
	全国国企管理创新成果二等奖
	中央企业先进集体
2021	中国投资机构先进集体
	年度中国私募股权投资机构 100 强
	年度中国国资投资机构 50 强
	年度中国碳中和领域投资机构 10 强
	年度社会责任与碳中和投资机构 TOP20
	长青奖“可持续发展普惠奖”
	全国脱贫攻坚先进集体
2022	联合国责任投资原则组织
	保险资管业协会——2022 年度 A 类基金管理人
	中国私募股权投资机构 100 强
	中国国资投资机构 50 强
	中国新材料领域投资机构 10 强
	中国数字化转型与创新评选榜单“年度数字化创新典范案例”
	中国私募股权投资机构 TOP50
	中国最佳定增投资机构
	中国最佳私募股权投资案例

第四章

产业基金扶贫探索者

第一节　2013—2016年：探索产业基金扶贫之路

一、政策背景

2013年11月，习近平总书记来到湖南湘西十八洞村考察，对扶贫工作作出重要指示，强调“扶贫要实事求是，因地制宜。要精准扶贫，切忌喊口号，也不要定好高骛远的目标”。2015年，《中共中央　国务院关于打赢脱贫攻坚战的决定》发布，提出确保到2020年农村贫困人口实现脱贫，把精准扶贫、精准脱贫作为基本方略，坚持扶贫开发与经济社会发展相互促进，坚持精准帮扶与集中连片特殊困难地区开发紧密结合，坚持扶贫开发与生态保护并重，坚持扶贫开发与社会保障有效衔接；引导中央企业、民营企业分别设立贫困地区产业投资基金，采取市场化运作方式，主要用于吸引企业到贫困地区从事资源开发、产业园区建设、新型城镇化发展等。2016年，《国务院关于印发“十三五”脱贫攻坚规划的通知》提出，“十三五”时期，是全面建成小康社会、实现第一个百年奋斗目标的决胜阶段，也是打赢脱贫攻坚战的决胜阶段。规划立足贫困地区资源禀赋，以市场为导向，充分发挥农民合作组织、龙头企业等市场主体作用，建立健全产业到户到人的精准扶持机制。

二、国投创益探索

国投创益设立初期，国内外并没有成熟的基金扶贫经验可供借鉴，在投资运作之初经历了艰辛探索。欠发达地区基金运作之初，主要投向原贫困地区的种植业、养殖业、农副产品加工业、旅游业、林业等，投资项目注册地限制为原贫困地区，项目主要为14个集中连片特困地区及国家扶贫开发工作重点县本土中小民营企业。由于对造成欠发达地区发展滞后的深层次原因理解不够深入、对基金市场化运作的规律认识不足，这一时期，国投创益投资项目虽然益农带农效果较为显著，在助力当地决战决胜脱贫攻坚方面发挥了较好作用，但是企业因行业、区域限制，市场增量有限、抗风险能力差，经营情况容易受到营商环境、市场周期、自然灾害等外部因素的影响，部分项目运作出现困难。

志不求易，事不避难。在吸收早期投资经验的基础上，国投创益逐步发掘了服务国家战略和符合基金特点的发展道路。作为国家级基金，宜从涉及欠发达地区国民经济的基础支柱领域出发，更加关注欠发达地区的资源开发、新型城镇化发展等方向，注重发挥基金对社会资本的引领带动作用，加大与地方国企、央企、上市公司的合作力度，畅通项目退出与资金回收渠道。在这一阶段，国投创益重点投资了一批现代农业、矿产资源、清洁能源、医疗健康、商贸流通、数字乡村等产业项目，项目社会效益与经济效益较好、退出有保障，为脱贫攻坚战决胜提供了有益借鉴。

人物故事

情系六盘山，消除贫困——李凯

2015年4月，李凯来到国投创益公司，了解到自己从事的工作服务于国家脱贫攻坚战略，通过基金的市场化运作，促进贫困地区产业发展以带动贫困人口脱贫致富，李凯感到自豪。从小生长在城市的李凯，在那时，并不懂得贫困是什么、有多可怕。

2015年7月去宁夏调研项目，是他第一次近距离感受贫困。考察了几个企业后，占地面积小、厂房少、员工少是这些企业留给他的最初印象，均与曾经在电视中看到的企业形象和规模有较大的反差。行程中对于贫困户的调研，使他永生难忘。

家住固原市彭堡镇的姚姓贫困户，65岁，家里有四口人。妻子多病，但没钱看病，因此无法下地干活，只能在炕上养着。两个孩子都在上学。因照顾妻子和孩子，该贫困户无法像村里其他人一样外出打工，只能在村里打零工贴补家用。“孩子小的时候没喝过牛奶，很少能吃到肉；上学住校的时候，一周带上几个馒头，饿的时候就啃两口。到了周末，馒头硬得根本咬不动。”说到这些，姚姓贫困户两眼都模糊了，谈及当年根本看不到希望的日子，一家人都是在煎熬中度过的。

固原市石碑村村民穆芝秀，是三个未成年孩子的母亲。丈夫为残疾人，由于耳聋无法外出务工，家里五口人守着十几亩玉米地靠天吃饭。土地收成好的时候，一年勉强收入6000元，而这些钱不仅要维持家人的日常开销，还要给孩子交学费，日子过得非常辛苦。孩子们因为交不起住宿费只能走读，每天需要走三个小时才能到学校。大女儿不仅要照顾幼小的弟弟妹妹，还要抽出时间在村子里帮别人收粮食以补贴家用。穆芝秀自身患有关节炎和高血压，每年都需要两三千元的药物来维持。一家人住的房子破旧失修，屋顶上透下的光斑依稀可见。

此行听到的、看到的都足以让李凯震撼。从小生活在都市的霓虹中，不曾想到，在同一片土地上，还有一处光无法触及的地方，还有许多无法靠自己的双手改变艰难生活现状的人。李凯对贫困有了初步的理解，贫困是这个群体物质生活的极度匮乏，是这个群体眼中的绝望，是这个群体难以逾越的鸿沟。

投资团队在固原市调研贫困户

这里是位于宁夏南部的六盘山区，是李凯开始认识贫困的地方；这里属于黄土高原区，境内多为山区，地形地貌复杂多变，年降水量不足500mm；这里自然灾害频繁，生态环境恶劣，水土流失严重，土地贫瘠；这里是曾被称为“贫瘠甲天下”的不毛之地；在2015年底，仍有超过27万人遭受着上述贫困户类似的际遇。

在后来的工作中，李凯逐步调研了六盘山区的各个产业，接触了当地众多朴素实干的企业家，了解到产业对于扶贫工作可以发挥的作用。

新月养殖（后更名为宁夏好水川），是他作为项目经理投资的第一个项目。记得第一次见到该企业的负责人马玉芳时，他的印象是，个子不太高，戴着白色的头巾，不太喜欢交流的回族女性。当她用掺杂着当地方言的普通话介绍企业时，就算仔细听也理解不了一半的内容。自治区扶贫办的领导给我们介绍，马玉芳从20世纪90年代就带领周边的贫困户一起养鸡、卖蛋，并在2001年成立新月养殖公司，这是六盘山区养殖业发展的雏形。到现在已经成为当地肉鸡和蛋鸡养殖、销售的龙头企业。正是因为当地有这样一批“规模不大”的企业，才能不断促进当地产业的发展，并有效带动贫困户脱贫致富。

马玉芳带着李凯一行走访了与新月养殖公司合作的养殖农户。杨姓养殖户是从前的贫困户，通过与新月养殖合作，摘掉了“贫困户”的帽子，年收入能达到十几万元；不仅盖了新房子，买了小汽车，娶了媳妇，还帮着弟弟张罗生活，带动家族共同致富。而之前提及的姚姓贫困户在企业带动下，找到了合适的工作岗位，增加了收入，并在企业的帮助下，为妻子治好了病；他们的眼神中不再是绝望，而是洋溢着幸福的喜悦。贫困户穆芝秀，在企业的帮扶下，获得了土地流转收入和就业机会，孩子上学的困难问题也得以解决。

企业帮扶贫困户的民居变迁

李凯意识到了产业发展可以给当地贫困户带来什么，是吃饱饭穿暖衣，是孩子无忧无虑上学的喜悦，是眼神中的希望，是一个家庭翻天覆地的变化。他感到担子很重，身上肩负着国家赋予的使命，明白投资基金对于产业发展的重要性，希望自己能将基金与当地产业发展有机结合，通过“规范企业运作、促进业务协同、弥补企业短板”，将贫困地区“规模不大”的企业培育成具有较强竞争力的区域龙头企业。

为了不再看到绝望的眼神，李凯更加努力地工作，也更加热爱自己的工作，他在六盘山区走访考察了50余家企业及其扶贫带动情况，并对各个企业的经营班子、贫困户及政府相关部门进行了访谈，了解到当地中小微企业发展面临的两大困境：

第一，融资难、融资贵，导致中小微企业的扶贫效应受到约束；

第二，企业经营管理、财务管理水平低下，良性发展难，导致稳定和可持续性扶贫效率未能释放并发挥作用。

结合企业案例和访谈情况，在公司领导和国投集团挂职固原市干部的指导和帮助下，总结出了对贫困地区投资中小微企业的产业基金扶贫模式，有效解决了当地中小微企业发展面临的难题。

在产业基金扶贫模式框架下，通过解决企业资金困难和保障资金精准扶贫的同时，国投创益定期聘请律师、会计师、院校教授、金融和管理类专家无偿对企业进行咨询和培训；将基金股东方和投资企业拥有的资源整合共享，帮助企业打通产品销售渠道、促进企业间的业务协同；通过与证监会、证券交易所的合作关系，将企业与资本市场有机衔接；牵头组织相关金融机构为投资企业提供融资服务；等等。

回首走过的路，李凯感到欣慰，因为他一直在用心从事着这个神圣而又高尚的事业。当地新型农业经营体系逐步完善，中小微企业重拾发展的信心，贫困户实现“两不愁三保障”，从而实现成功脱贫。

带动当地农民就业，固原市原州区彭堡镇姚磨村瑞丰蔬菜产销农民专业合作社雇用当地农民种植广东菜心

第二节　2017—2020年：吹响脱贫攻坚决胜号角

一、政策背景

2017年10月，习近平总书记在党的十九大报告中指出，要动员全党全国全社会力量，坚决打赢脱贫攻坚战，坚持精准扶贫、精准脱贫，坚持大扶贫格局，注重扶贫同扶志、扶智相结合，解决区域性整体贫困，做到脱真贫、真脱贫。

党的十九大闭幕之后，关于坚决打赢脱贫攻坚战的相关政策及指导意见相继出台。2018年8月，《中共中央　国务院关于打赢脱贫攻坚战三年行动的指导意见》（以下简称《指导意见》）正式公布，《指导意见》明确提出，激发贫困人口内生动力、夯实贫困人口稳定脱贫基础、加强扶贫领域作风建设为脱贫攻坚战的三个“着力点”，并强调要提高脱贫质量、防止返贫，杜绝数字脱贫、虚假脱贫，为其后三年的脱贫攻坚工作做了全面部署，推动脱贫攻坚工作更加有效开展，确保全面建成小康社会，为实施乡村振兴战略打好基础。2019年2月，《中共中央　国务院关于坚持农业农村优先发展做好“三农”工作的若干意见》（以下简称《意见》）发布，《意见》强调，“三农”领域有不少必须完成的硬任务，必须坚持把解决好“三农”问题作为全党工作重中之重不动摇。重点解决实现“两不愁三保障”面临的突出问题。

二、国投创益探索

从2017年开始，国投创益加快产业基金扶贫步伐。按照中央“引导中央企业、民营企业分别设立贫困地区产业投资基金，采取市场化运作方式，主要用于吸引企业到贫困地区从事资源开发、产业园区建设、新型城镇化发展等”的要求，国投创益围绕央企乡村投资基金的设立方案和章程，加大了深度贫困地区的投资力度，也为未来实施乡村振兴战略打下了坚实基础。国投创益以符合市场未来发展需求为方向，聚焦重点行业，立足地区资源禀赋，通过“借船出海”的方式，引导和推动了牧原、益客食品、云南铜业、君乐宝、金龙鱼、金徽酒、云铝股份、西部镁业等一批优势产业项目落户原贫困地区或深化在当地的布局，以企业壮大带动产业持续提升，引领了大量金融企业和市场资本跟投，实现了开发式扶贫与精准扶贫有效结合，实现基金整体保本微利，走出了一条产业基金扶贫新路。

国投创益积极与北京大学、北京师范大学、中国人民大学、中国农业科学院等国内权威扶贫智库合作，并得到汪三贵、张琦、雷明等国务院扶贫开发领导小组专家咨询委员会委员的指导。通过融合外聘专家理论优势及创益自身投资经验，最终形成覆盖投资“前中后”全流程的社会效益闭环管理体系。体系包括项目现场考察、社会效益第三方尽调、投资方案量化社会效益指标、投资协议明确要求、投后社会效益评估、定期社会效益数据采集六大模块，确保产业基金投资精准地服务贫困地区产业发展。经过多年在产业基金扶贫方面的探索与实践，国投创益根据自身经验总结出了中国特色影响力投资实践路径，并于 2020 年出版《产业基金扶贫实践与探索》一书。

第三节　经济与社会效益

国投创益在脱贫攻坚阶段，合计投资 174 个项目，总计投资 365.38 亿元，各行业投资金额在一亿元至近百亿元，有效促进了原贫困人口就业和原贫困地区经济发展。

国投创益对脱贫攻坚的投资成果进行了社会效益评估，从评估结果来看，不同行业的带贫模式各有特点。比如农林牧渔等行业能够做到地区帮扶和人口帮扶效益并重，而商业贸易等行业更为注重人口帮扶，机械设备等行业则注重地区帮扶，具体分析如下：

国投创益的投资在不同的行业带来不同的社会效益，按评估结果分析，在 20 个行业中地区帮扶和人口帮扶成效均取得优异表现的有 9 个行业，分别为有色金属、农林牧渔、非银金融、食品饮料、商业贸易、公用事业、纺织服装、休闲服务和建筑材料，累计帮扶建档立卡人数为 36582 人，累计帮扶贫困地区人数为 135231 人，缴纳税收总额为 1010638.71 万元，原贫困地区缴纳税收总额为 174742.97 万元。其中有色金属、农林牧渔、非银金融和食品饮料 4 个行业表现较为突出。具体而言，有色金属累计帮扶建档立卡人数为 23191 人、缴纳税收总额为 546855.35 万元、原贫困地区缴纳税收总额为 16435.04 万元，在这三方面表现较为优异（见表 8）。农林牧渔由于行业特点，对劳动力的需求较大，因此累计帮扶原贫困地区人数 72100 人，表现最为优异。地区帮扶和人口帮扶并重有利于促进区域经济发展和提升家庭人力资本，实现地区可持续发展。

表 8　地区帮扶与人口帮扶成效均优行业汇总

行业	累计帮扶建档立卡人数（人）	累计帮扶贫困地区人数（人）	税收总额（万元）	贫困地区税收总额（万元）
有色金属	23191	3202	546855.35	16435.04
农林牧渔	7885	72100	8639.80	3220.53
非银金融	3389	16671	23250.00	17945.26
食品饮料	962	35,298	317336.63	117194.40
商业贸易	753	60,654	142114.62	467.85
公用事业	550	6859	55231.46	13790.01
纺织服装	359	407	1783.70	1783.70
休闲服务	130	276	1699.89	1687.25
建筑材料	116	418	55851.88	2686.78
合计	36582	135231	1010638.71	174742.97

社会效益评估结果中医药生物、化工、交通运输、轻工制造和汽车 5 个行业是除 9 个表现较为优异的行业外表现相对优异的行业，累计帮扶

原贫困地区人数为 58549 人，累计帮扶建档立卡人数为 145 人，原贫困地区缴纳税收总额为 54120.83 万元。其中，医药生物行业在原贫困地区人口帮扶方面表现最为优异，累计帮扶原贫困地区人数为 55280 人。化工行业在原贫困地区税收总额方面表现最为优异，累计缴纳 23199.69 万元（见表 9）。14 个行业在地区帮扶和人口帮扶两个方面表现较为优异，机械设备、电子、采掘、计算机、国防军工和房地产 6 个行业发挥了重要作用。总体而言，6 个行业也累计帮扶建档立卡人数为 1494 人，累计缴纳税收总额为 49847.33 万元，其中在原贫困地区缴纳税收总额为 12928.79 万元。

表 9　地区帮扶与人口帮扶成效相对优异行业汇总

行业	累计帮扶建档立卡人数（人）	累计帮扶贫困地区人数（人）	税收总额（万元）	贫困地区税收总额（万元）
医药生物	81	55280	390954.83	2953.49
化工	32	295	44752.63	23199.69
交通运输	3	1281	234447.07	18989.24
轻工制造	21	1554	11600.33	8978.41
汽车	8	139	786.92	0
合计	145	58549	682541.78	54120.83

不同行业带贫模式和成效既有很强的共性，也有明显的特色。一方面，大多数行业在就业扶贫、缴纳税收和产业链带动等三种带贫模式上成效比较突出，具有很强的共性。另一方面，在其他七类扶贫模式上，每个行业则具有明显不同的行业特色。分行业扶贫模式见表 10。

表 10　分行业扶贫模式

	产业扶贫	就业扶贫	资产收益	其他扶贫模式					税收带动	产业链带动
				金融扶贫	科技扶贫	生态扶贫	专项扶贫	社会扶贫		
食品饮料	•	•	•					•	•	•
轻工制造业		•						•	•	•
纺织服装	•	•						•	•	•

续表

	产业扶贫	就业扶贫	资产收益	其他扶贫模式					税收带动	产业链带动
				金融扶贫	科技扶贫	生态扶贫	专项扶贫	社会扶贫		
商业贸易		•						•	•	•
农林牧渔	•	•	•	•	•	•		•	•	•
电子							•	•	•	•
银行				•				•	•	•
非银金融				•				•	•	•
休闲服务	•	•	•		•	•		•	•	•
医疗生物		•	•		•		•	•	•	•
交通运输		•					•	•	•	•
通信							•	•	•	•
公用事业		•	•		•		•	•	•	•
汽车		•						•	•	•
化工		•				•		•	•	•
先进制造					•			•		•
计算机					•			•	•	•
有色金属		•	•			•		•	•	•
园区								•	•	•
建筑材料		•						•	•	•
机械设备								•	•	•

注：其中专项扶贫包括健康扶贫、教育扶贫以及基础设施扶贫。

按照国投创益社会效益评估体系可将扶贫模式细分为10大类，分别为产业扶贫、就业扶贫、资产收益、金融扶贫、科技扶贫、生态扶贫、专项扶贫、社会扶贫、税收带动和产业链带动。其中产业扶贫与劳动力密集型产业密切相关，主要覆盖食品饮料、纺织服装、农林牧渔、休闲服务4大行业。资产收益通过土地、房屋等资产流转、租赁使贫困群体受益，主要覆盖食品饮料、农林牧渔、休闲服务、公用事业和有色金属6大行业。金融扶贫旨在通过资本信贷帮助企业和农户，主要覆盖农林牧渔、银行和非银金融3个行业；科技扶贫为企业和贫困群体提供技术支持，覆盖农林牧渔、休闲服务、医疗生物、公用事业、先进制造、计算机共计6个行业；生态扶贫涉及环境、资源的开发与保护，覆盖农林牧渔、休闲服务、化工、有色金属4个行业；专项扶贫针对的是教育、医疗等基础公共服务内容，主要覆盖电子、医疗生物、公用事业、通信、交通运输5个行业。

按照行业划分，不同行业社会效益情况如下：

食品饮料行业。食品饮料行业主要包括饮料制造和食品加工，是典型的劳动密集型行业。该行业带贫模式以产业扶贫和就业扶贫为主，税收带动和产业链带动为辅。国投创益在该行业所投总计9家企业，累计投资18.93亿元，累计帮扶建档立卡962人、原贫困地区35298人。所投企业累计在原贫困地区缴纳税费9967.66万元。

轻工制造业。轻工制造业主要包括造纸、包装印刷、家用轻工等二级行业，行业具有技术密集型和资源密集型的特征。带贫模式以产业链带动和就业扶贫为主，税收带动为辅。国投创益所投总计7家企业，累计投资5.7亿元，带动原贫困地区就业1554人。所投企业累计在原贫困地区缴纳税费8978.41万元。

纺织服装业。纺织服装业涉及纺织制造、服装家纺等多个领域，对资源依赖程度较高。带贫模式以产业链带动和就业扶贫为主，产业扶贫和税收带动为辅。国投创益所投总计3家企业，累计投资7亿元，带动建档立卡人口359人、原贫困地区就业407人。所投企业累计在原贫困地区缴纳税费1787.7万元。

商业贸易行业。商业贸易行业主要是指百货、超市、专业连锁等零售或物业经营，对上下游产业具有较大依赖性。带贫模式以产业链带动为主，就业扶贫和税收带动为辅。国投创益所投总计5家企业，累计投资22.99亿元，带动原贫困地区就业60654人。所投企业累计在原贫困地区缴纳税费467万元。

农林牧渔业。农林牧渔业是一种与“三农”及居民副食品密切相关的行业，集劳动、技术、资金密集型、大规模于一体，具有劳动力与资源密集的特征。带贫模式以产业扶贫和就业扶贫为主，科技扶贫和产业链带动为辅。国投创益所投总计 40 家企业，累计投资 49. 57 亿元，带动建档立卡人口就业 7885 人、原贫困地区就业 72100 人。所投企业累计在原贫困地区缴纳税费 3220. 53 万元。

非银金融。非银金融主要是指证券、保险、多元金融等，与银行金融业相似，主要以资本运作为主。非银金融带贫模式以金融扶贫为主，税收带动为辅。积极推广“非银金融工具”融资型产品，促进贫困农户通过发展地方特色产业实现逐步创收。国投创益所投总计 20 家企业，累计投资 61. 26 亿元，累计帮扶建档立卡 3389 人、原贫困地区 16671 人。所投企业累计在原贫困地区缴纳税费 17945. 26 万元。

休闲服务业。休闲服务业是对酒店、旅游、景点等各类产业的统称，其最大的特征是通过生态资源的开发，带动周边的产业链条促进经济发展。带贫方式以生态扶贫和产业链带动为主，产业扶贫、就业扶贫、资产收益和税收带动为辅。国投创益所投总计 12 家企业，累计投资 7. 83 亿元，累计帮扶原贫困地区 130 人，原贫困地区就业 276 人。所投企业累计在原贫困地区缴纳税费 1687. 25 万元。

医疗生物行业。医疗生物行业包括化学制药、中药、生物制品、医疗器械和医疗服务等领域，此行业以生物技术为基础为社会提供商品和服务。带贫模式以科技扶贫和医疗生物行业为主，就业扶贫和专项扶贫为辅。国投创益所投总计 11 家企业，累计投资 7. 81 亿元，累计帮扶建档立卡 81 人、原贫困地区 55280 人。所投企业累计在原贫困地区缴纳税费 2953. 45 万元。

交通运输业。交通运输业是指使用运输工具将货物或者旅客送达目的地，使其空间位置得到转移的业务活动，包括陆路运输服务、水路运输服务、航空运输服务和管道运输服务。带贫模式以专项扶贫和产业链带动为主，税收带动和就业扶贫为辅。国投创益所投总计 3 家企业，累计投资

5.95 亿元，累计帮扶原贫困地区就业 1281 人。所投企业累计在原贫困地区缴纳税费 18989 万元。

电子、通信行业。电子、通信行业主要是通信设备的生产和通信运营及配套服务。带贫模式以专项扶贫为主，产业链带动为辅。国投创益所投总计 3 家企业，投资总额 3.13 亿元，所投企业累计在原贫困地区缴纳税费 10453.59 万元。

公用事业行业。公用事业行业是指具有各企业、事业单位和居民共享的基本特征的，服务于城市生产、流通和居民生活的各项事业的总称。带贫模式以专项扶贫为主，就业扶贫和科技扶贫为辅。国投创益所投总计 22 家企业，累计投资 94.21 亿元，累计帮扶建档立卡 550 人、原贫困地区就业 6859 人。所投企业累计在原贫困地区缴纳税费 13790 万元。

汽车行业。汽车行业，一般是指其汽车产品或具有相同工艺过程或提供同类劳动服务划分的经济活动类别，包括汽车生产、销售、售后、美容等增值服务的总称。带贫模式以就业扶贫和税收带动为主，产业链带动为辅。国投创益所投总计 5 家企业，总计投资 14.3 亿元，累计带动原贫困地区就业 139 人。

化工行业。化工行业是从事化学工业生产和开发的企业和单位的总称，包括石油化工、化学原料以及化学制品等。带贫模式以税收带动和化工行业为主，就业扶贫和产业链带动为辅。国投创益所投总计 7 家企业，累计投资 12.3 亿元，累计带动原贫困地区就业 295 人。所投企业累计在原贫困地区缴纳税费 23199.69 万元。

先进制造业。先进制造业相对于传统制造业而言，是传统制造业不断吸收电子信息、计算机、机械、材料以及现代管理技术等方面的高新技术成果并运用于制造业的相关行业。带贫模式以科技扶贫为主，社会扶贫和产业链带动为辅。国投创益所投总计 5 家企业，累计投资 11.45 亿元。所投企业在原贫困地区累计缴纳税费 1150 万元。

计算机行业。计算机行业主要包括计算机设备，以及计算机的开发和服务，对技术要求较高。带贫模式以科技扶贫和产业链带动为主，以社会扶贫和税收带动为辅。国投创益所投总计 3 家企业，累计投资 4.3 亿元，所投企业累计在原贫困地区缴纳税费 866.84 万元。

有色金属行业。有色金属行业包括工业金属、黄金、稀有金属等，依靠金属资源的开发带动区域经济发展。带贫模式以税收带动为主，就业扶贫和产业链带动为辅。国投创益所投总计 12 家企业，累计投资 33.26 亿元，累计帮扶建档立卡 23191 人，带动原贫困地区就业 3202 人。所投企业累计在原贫困地区缴纳税费 16435.04 万元。

建筑材料行业。建筑材料包括水泥制造、玻璃制造以及其他建材，是典型的资源密集型行业。带贫模式以产业链带动为主，就业扶贫和税收带动为辅。国投创益所投总计 3 家企业，累计投资 2.83 亿元，累计帮扶建档立卡人口就业 116 人、原贫困地区就业 418 人。所投企业累计在原贫困地区缴纳税费 2686.78 万元。

机械设备行业。机械设备可以细分为通用机械、专用设备、仪器仪表、金属制品等多个种类，与上下游产业联系较为密切。带贫模式以产业链带动为主，社会扶贫和税收带动为辅。国投创益所投总计 4 家企业，累计投资 6.6 亿元，所投企业累计在原贫困地区缴纳税费 5228.14 万元。

人物故事

扶贫初心不畏艰苦——李昌浩

1989 年出生的李昌浩，已经是国投创益的“老人”了。在国投创益刚刚投入运营的时候，也是李昌浩改变成长的开始，这是他走出校园之后的第一份正式工作。国投创益从开始的初创团队，摸索着成长为如今人才济济的成熟企业。李昌浩见证了国投创益这六年来的快速成长。

扶贫事业，从来不是一件简单的事情，但李昌浩坚持了下来。产业基金扶贫的第一步就是要找到好项目，于是到贫困地区出差和长住便成了他的家常便饭。李昌浩作为国投创益公司的投资经理，始终致力于寻求更加直接高效的产业扶贫方式，真正让贫困户受益。说起出差，李昌浩深有体会：“那会儿我投旅游项目的时候，往往是先坐飞机，早上6点出发，比如说飞到长沙11点，下来打车到高铁站，再坐高铁到怀化，下午两三点再去坐汽车，坐两个半小时，19点才能到项目所在地，就是早上6点出发晚上7点到，这是实实在在的情况。”

长途跋涉并不是路途中最大的苦难，路上的险况总令人胆战心惊，李昌浩说：“还会有一些比较麻烦的情况出现，比如说山体滑坡。一个旅游项目调查完成，准备回北京的时候，那天下雨，就发生山体滑坡了，前面已经滑坡了。司机在那先停了一会儿，犹豫了一下，然后一脚油门冲过去。还有一次记得比较深的就是去陕西出差的时候，一个水电项目在陕南山里，出现了比较严重的高原反应，后脑勺特别疼，就感觉脑袋要爆了一样。还有遇到路程太长，司机开车开得睡着了，我们还得在旁边帮他打气，他开得太快，那种盘山路，很多急转弯，他能开到100迈，挺危险的。”每一次的调研都如一场探险。

困难重重，但李昌浩从没有放弃，一步一步踏实工作，帮助贫困地区走出了一条条希望的道路。心系贫困群众，带着一份责任，李昌浩经历了各种艰难困苦后终于在医疗和旅游扶贫的项目上交出了满意的答卷。

何氏眼科成立于1995年，自建立伊始，即以“人人享有何氏眼保健”为使命，通过医疗、教育、科研及产业的全面、多元、综合性发展，积极推动中国的防盲治盲公益事业，致力于打造世界一流眼产业链。经过长时间的探索，何氏眼科在教育预防、公益救助、能力建设、推动倡导等方面深耕，建立了高质量、可支付、可复制、可持续的符合中国国情的防盲治盲模式，成为全国乃至全世界防盲治盲公益道路上的领航员。

6年来，李昌浩负责的项目很多，在参与的所有投资项目中，李昌浩印象最深也是最满意的项目之一，就是与何氏眼科合作的医疗扶贫项目。

李昌浩回忆道：“当时走访了很多地方，发现贵州省那边受特殊地理位置和高原气候等影响，是白内障、青光眼、眼底病等眼病的高发地区，眼病患者人数众多。但贵州当地的眼科医疗资源十分有限，无法满足防盲治盲的需求，大量的眼病患者无法得到及时、有效的救治，最终导致视力受损甚至失明，为家庭带来沉重的负担，因病致贫、因病返贫的问题严重。”

眼睛失明，自然就没有工作能力了。李昌浩希望通过义诊、医疗布诊的形式，让更多人重见光明，恢复劳动能力，从而解决一个家庭的贫困问题。

说到何氏眼科，李昌浩讲解道：“首先是我们和何氏接触，把它引到贵州、云南去做活动，这个也得到了贵州省委和我们集团公司的大力支持。”在2018年，何氏眼科率先在贵州省的平塘县、罗甸县开展为期三年的试点项目，针对老年人常发的白内障、青少年常发的屈光不正以及先天盲三种眼病开展工作。

授人以鱼不如授人以渔，何氏眼科还积极与县医院合作，对县医院医生进行技术培训，为当地留下了一支“不走的医疗队”，彻底解决因白内障致贫、因白内障返贫的问题。

项目实施时间过半，3家县级医院的眼科诊疗能力得到了大幅度提升，门诊量、手术量、科室收入等均有30%～60%的提升；对百姓而言，当地居民不出县即可治疗大部分的眼科疾病。

从2020年起，项目计划将优质医疗资源下沉，加强乡镇及村一级的卫生人员眼科能力建设。通过配备智慧化诊疗设备、培训常见眼病防治知识等方式，实现小病不出村、大病不出县。

除了何氏眼科，李昌浩认为德天项目同样具有启示意义：“在我们接手这个项目以前，这里已经是一个景区了，但由于地理位置、交通情况、配套设施等问题，还有待发展。产业基金注资后，给德天项目注入了更多发展的活力，又因为是在中越边境，项目同时承担着推进中越文化交流融合、促进‘一带一路’旅游合作发展的使命，受到了国家和广西壮族自治区的高度重视和大力支持，在旅游投资、建设、管理等方面给予了先行先试的良好条件，因此对我们来说既是机遇也是挑战。”

广西中旅德天瀑布旅游开发有限公司成立于2019年5月28日，主营旅游项目开发经营、陆路旅游观光车经营管理、园林绿化、景区游览服务等。德天瀑布旅游景区内有丰富的原生态乡村自然资源，对这些资源的保护是项目开发的先决条件。因此，德天项目规划了一条以自然环境、生态环境的开发与保护并存为基础，以原生态为亮点的旅游产业发展之路。

项目的发展促进了当地产业的转型升级，为周边餐馆、民宿等服务行业带来了巨大的发展前景。此外，项目的成功运营直接解决了当地大量的就业问题，每年可直接提供686个工作岗位，其中安保、保洁、绿化、综合服务等基层岗位经过短期培训，可以吸纳当地274名贫困人员就业，并将这些就业人员纳入社保体系，使他们退休后有工资，生病有医疗保险覆盖，免除了“因病致贫，因病返贫”的后顾之忧。

德天瀑布旅游景区在国投创益产业基金的扶持下，展现出蓬勃的发展生机，这样一个既有基础又有未来发展潜力的旅游扶贫项目，在短暂地陷入迷茫后，又重见了光明，不仅为当地居民带来了生活水平的提高，同时为大家指明了脱贫的方向。

产业扶贫意义重大，责任也一样重大。李昌浩对于接下来的工作也充满了信心和决心，他说：“踏实做好调研，协调好项目推进，做好投后管理，才能对企业和贫困地区负责，让贫困户真正受益!”

李昌浩是国投创益人的一个缩影，在扶贫的道路上有千万个李昌浩坚持着，一步一个脚印，踏实做好扶贫工作，把精准扶贫落到实处，让光明照进人们的美好生活。

第五章

产业基金乡村振兴笃行者

第一节　国投创益服务乡村振兴的探索

随着我国历史性地解决了绝对贫困问题，国投创益的工作重心从助力脱贫攻坚转移到全面推进乡村振兴、实现共同富裕上来，由解决绝对贫困向缓解相对贫困、实现乡村振兴转变。

以《乡村振兴战略规划（2018—2022 年）》、《中共中央　国务院关于全面推进乡村振兴的意见》及《中共中央　国务院关于实现巩固拓展脱贫攻坚成果同乡村振兴有效衔接的意见》等中央关于乡村振兴的顶层设计为指引，为更好地把握农业、农村、农民的主体地位，从加快推进农业现代化、产业促进乡村发展、促进脱贫人口持续增收、促进乡村建设、提升农村公共服务水平等方面更好地服务乡村振兴，国投创益对基金股东单位、政府部门、高校、业界一流机构、国际知名咨询机构等进行了广泛深入的调研，对乡村振兴阶段面临的主要问题有了较为明确的判断。

第一个问题是如何把握乡村振兴目标的转变。乡村振兴目标相对宽泛，实施期限也更长，在重点帮扶地区的分布上，与脱贫攻坚阶段有很大不同，对于准确把握产业基金投资的方向以及衡量社会效益的尺度都提出了更高要求。

第二个问题是如何平衡基金投资的社会效益。产业基金服务乡村振兴与财政、社会捐赠、银行信贷等资金均存在明显差异，但是与市场化基金也并不完全相同。产业基金服务乡村振兴需要更清晰地兼顾经济效益与社会效益两个维度。

第三个问题是如何将社会效益评价体系融入乡村振兴。从国际主流经验来看，社会责任投资、影响力投资是平衡投资经济效益与社会效益的普遍方式。但是明晟（MSCI）、路透（Thomson Reuters）、富时罗素（FTSE Russell）等国际主流评级机构的指标体系在国内市场适用性不高，指标难以与乡村振兴的特殊性匹配。国内企业对相关信息披露重要性的了解相对有限，且缺少系统性的信息披露制度和标准化的披露准则，也为进行影响力投资带来了挑战。

近年来，ESG 作为非单一财务因素的可持续发展观，在联合国等众多国际组织和投资机构不断推动下，逐步形成了包括全面信息披露标准和绩效评估方法的 ESG 理念体系。影响力投资作为在投资过程中同时考察财务收益和投资项目社会环境影响的投资方式，日益受到关注和重视。国投创益作为国内最大的影响力投资机构，积极将影响力投资理念与 ESG 应用到乡村振兴中，于 2019 年提出“服务乡村振兴为核心的影响力投资”的定位，并在“十四五”开局之时完成由社会效益闭环管理体系向 ESG+乡村振兴影响力投资管理体系的全面升级，以具有特色的社会效益评价体系良好地平衡投资带来的经济效益和社会效益，更好地发挥产业基金引导带动作用，从而全面服务乡村振兴。

第二节　国投创益投资情况

国投创益在巩固拓展脱贫成果、接续推进乡村振兴领域持续投入，全面开展影响力投资，充分发挥基金作用，在产业升级、绿色发展、城乡融合等方面聚焦聚力，全面助力农业高质高效、乡村宜居宜业、农民富裕富足，在现代农业、清洁能源、新能源应用、医疗健康、先进制造五大领域形成大量实物工作量（见图 18、图 19），引导中央企业、地方国企、大型上市公司和民营企业将项目在欠发达地区落地，并积极在当地进行产业整合升级，投资案例在本书第四部分进行详述。

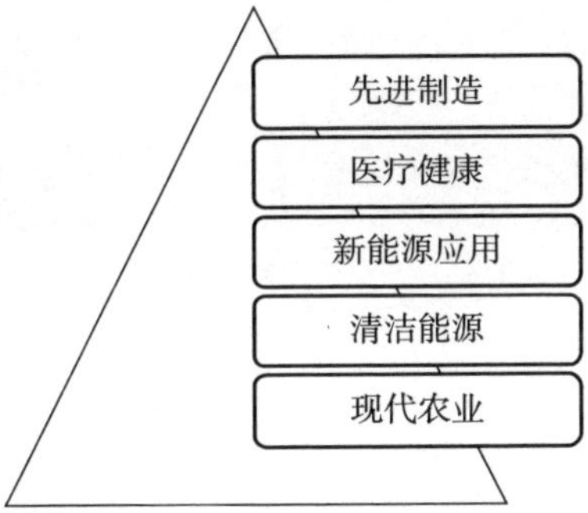

图 18　国投创益五大重点投资领域

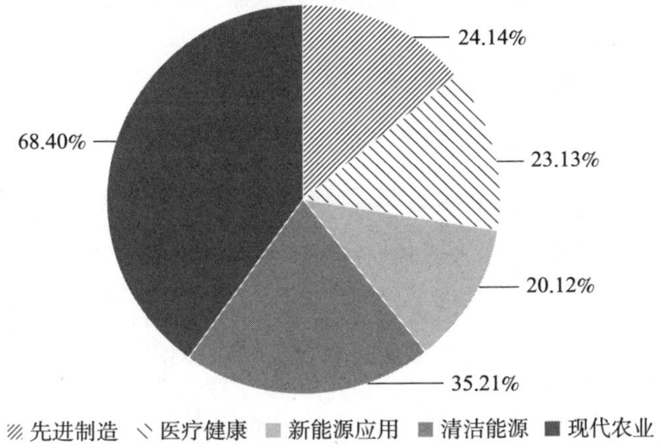

图 19　国投创益五大重点投资领域分布

现代农业领域，国投创益服务国家粮食安全战略，推动种业科技自立自强、种源自主可控，推动农业产业化发展，一、二、三产业加快融合，截至 2022 年底，国投创益总投资额 150. 55 亿元。投资企业累计拥有转基因安全证书十余项，生物育种技术专利 100 余项，使玉米种子转基因性状这一种业“撒手锏”牢牢掌握在中国人自己手中（见图 20）。

图 20　国投创益投资企业——隆平生物育种实验室

清洁能源领域，国投创益充分利用欠发达地区的资源禀赋，大力支持风电、光伏、水电、生物质发电等产业发展，从而推进乡村能源消费升级，促进农村经济绿色低碳转型发展，助力建设美丽乡村（见图 21）。截至 2022 年底，国投创益总投资额 168.81 亿元。国投创益投资企业每年可减少二氧化碳排放量约 1.31 亿吨，有效实现了“多增绿”促“多增收”。

新能源应用领域，国投创益抢抓新能源行业发展的战略机遇，投资企业电池年产能可达 18.75GW · h，有效引导欠发达地区驶入产业兴旺快车道，给地方政府增税、群众增收（见图 22）。截至 2022 年底，国投创益总投资额为 53.53 亿元。

图 21　国投创益投资企业——华电新能风场

图 22　国投创益投资企业——北京卫蓝新能源科技有限公司

医疗健康领域，国投创益的投资助力推进医疗卫生建设，提升基层医疗卫生服务能力。推动城乡公共服务均等化建设，投资血透、精神病、眼科等专科医院，年就诊达 130 万人次，手术数量 4 万台，使欠发达地区群众享受更为便捷、优质、高效的卫生健康服务（见图 23）。截至 2022 年底，国投创益总投资额为 27.38 亿元。

先进制造领域，国投创益强化农业科技和装备支撑，引领支柱产业转型升级，投资企业农业机械装备年产量可达 52.1 万台，其中采棉机 1200 台，推动我国采棉机对外依存度大幅降低，成功地为农业现代化开好头、起好步（见图 24）。截至 2022 年底，国投创益总投资额为 54.17 亿元。

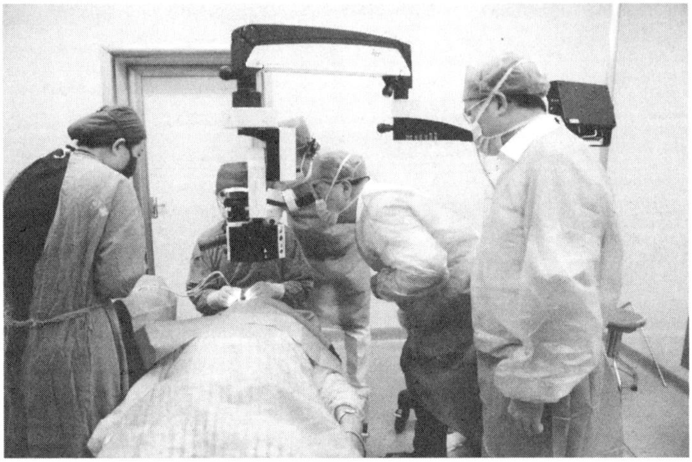

图 23　国投创益投资企业——何氏眼科手术现场

图 24　国投创益投资企业——新疆钵施然采棉机作业场景

截至 2022 年底，国投创益累计投资金额为 583.32 亿元；累计退出项目 110 个，占累计拨付项目的 48%；累计回收资金 158.98 亿元（见图 25），占累计拨付资金的 31%。基金的循环滚动持续趋好，在“2022 清科私募股权投资机构 100 强”中国投创益排第 25 名，投资成绩受到了市场的高度肯定。

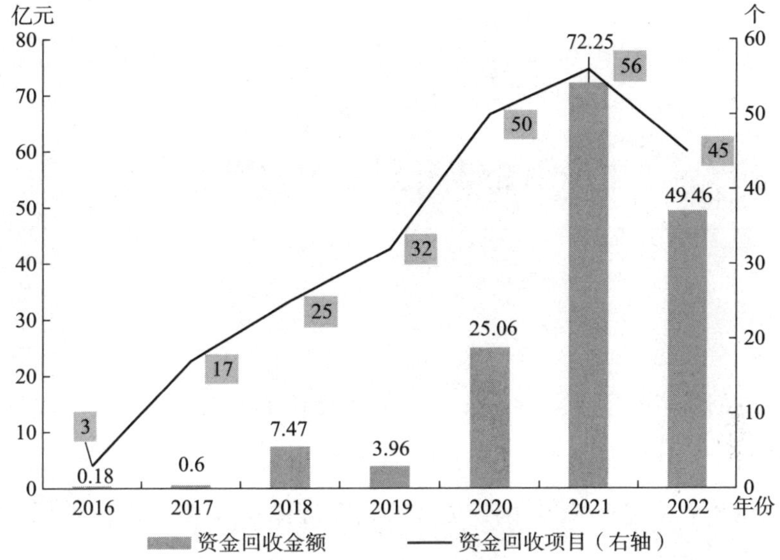

图 25　国投创益历年资金回收情况

第六章

国投创益影响力投资战略框架

国投创益总结脱贫攻坚和乡村振兴工作中的经验，逐步构建形成“一本两基四梁八柱”的战略框架，即“1个根本目标、2个重要基石、4个基本原则和8个关键支撑”。国投创益投资管理体系框架如图26所示。

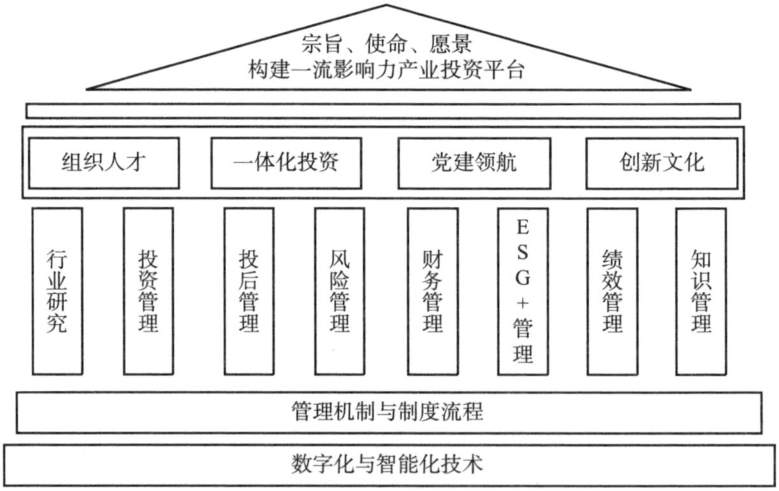

图26　国投创益投资管理体系框架

第一节　“一本两基”

国投创益投资管理体系以管理机制与制度流程和数字化与智能化技术

为基础，以构建一流影响力产业投资平台为根本目标。

一、“一本”

“一本”——国投创益坚持以“秉承宗旨、不辱使命、实现愿景，致力于构建一流影响力产业投资平台”为根本目标。

- 机制好：法人治理完善、健全的市场化经营机制和严格的对标体系；
- 可持续：经济效益好于对标基准的平均水平、影响力投资引领国内发展；
- 赋能强：服务乡村振兴战略、加强投研驱动来建设一流企业智库、团队赋能、新基金赋能、投资项目赋能、社会发展赋能；
- 影响大：投资领域有影响力、投资企业有影响力、政策制定有影响力。

二、“两基”

（一）管理机制与制度流程

“两基”——国投创益以管理机制与制度流程为两个重要基石之一。

国投创益致力于建立利益趋同、风险共担的管理机制来促进目标一致和价值认同。在管理机制的构建上，对动力机制、约束机制和运行机制进行了研究和管理（见表11）。

表11　国投创益的管理机制种类及其内容

管理机制种类	内容
动力机制	文化引领：强化基金价值定位，深化文化管理与党建思想引领，构建统一的价值认同，形成组织内生动力
	要求推动：通过管理要求及规章制度的颁布，强化要求的贯彻执行力
	利益驱动：通过业绩绑定、绩效考核、激励机制、跟投机制形成公司、部门、个人的利益绑定

续表

管理机制种类	内容
约束机制	权力约束：构建清晰的分级授权管理机制，并强化闭环管理机制，对管理效率和效果进行及时评价与监督
	利益约束：逐步完善奖惩机制、分配机制等，对利益因素进行适当的约束与平衡
	责任约束：强化内部监督与检查，逐步完善追责机制
	文化约束：通过基金价值观、职业道德的宣贯，对员工行为进行约束
运行机制	明晰管理角色，优化职责分工
	完善管理体系，精细管理要求
	优化管理流程，明确管理标准

国投创益优化制度管理体系，形成业务开展的“一套标准”，对现行制度展开梳理，形成统一分级分类，将11项规章制度分为治理、业务与管理3个层面，公司治理、运营投资、风控法律、财务管理、党群综合5大类，提高制度管理体系的完整性和系统性。国投创益对管控事项进行全面的清单化梳理，明确各部门、团队管理角色及定位，优化组织职能与分工，形成公司110余项管控事项清单，明确管控事项统筹部门，完善管理要求，发挥监督责任，落实各项管控事项的管理闭环。

（二）数字化与智能化技术

“两基”——国投创益以数字化与智能化技术为另一个重要基石。

国投创益着力进行数字化转型，高度重视数字化与智能化技术的发展。通过数据驱动，场景化应用，强化数字化意识，从而优化数字化手段，融入业务与管理，精益化运营提效。

- 战略引领意识转型：数字化转型是企业战略层面的转型，其核心为人员思想意识的转型；
- 人才与能力的转型：国投创益打造出具有数字化视角的管理与业务团队，打造专业经验及技术能力的信息化管理团队，建设数字文化和与数字化运营转型相匹配的敏捷组织；

• 业务与管理模式的转型：国投创益以数据为驱动，以技术为手段，打造“点—线—面”协同的业务管理体系，数据与系统应用支撑业务与管理决策、落实管理要求，提高精益化管理；

• 技术与手段的转型：国投创益建立数字化综合运营管理平台，同时构建灵活的信息架构优化可视化、自动化、信息化的技术应用、健全 IT 治理体系，以支撑数字化战略落地。

国投创益结合业务特点，挖掘信息系统能力，以科技赋能着力推动管理创新和业务创新，将大数据、人工智能与流程管理、风险管理、知识管理等业务深度融合；自建数智化系统 EMP4.0，加快提升企业管理效能，释放数智化转型价值，实现“三四五六”的建设目标，即“三个同步，四项平衡，五类融合，六大驱动”（见图 27）。

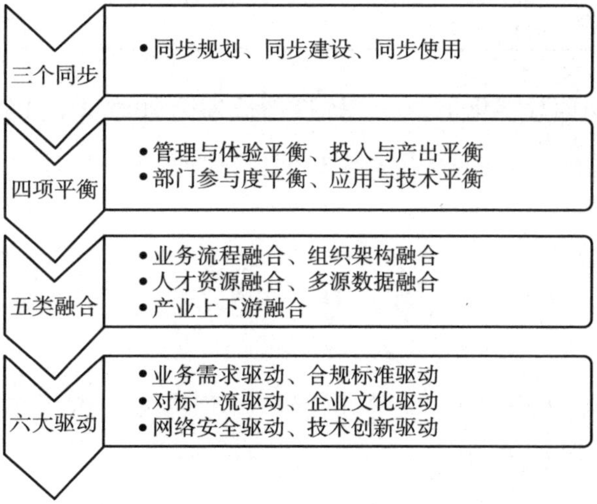

图 27　“三四五六”的具体内容

国投创益以数字化转型为纲领，通过科技赋能着力推动管理创新和业务创新，积极探索产业基金数字化道路，强化数据赋能和 IT 硬控制，为业务管理和决策分析提供更强有力的数字化支持。国投创益加快数字化建设，将大数据、人工智能、数据治理等技术和流程管理、风险管理、知识管理等业务深度融合，加快提升管理效率，释放数据价值。

表 12　国投创益数字化系统及内容

系统类别	内容
投资管理系统（IM）	国投创益基础业务系统，实现对投资流程的信息化管理。对投资管理流程进行优化，实现投资全周期信息电子化、流程表单化，进一步支撑管理公司会议决策、风险评级和运营分析等
财务监控系统（FM）	通过畅捷支付实现基金资金监管，统一提供财务核算软件和报表报送系统，实现所有投资项目网上报送报表和信息，同时为财务信息化不完善的投资企业提供专业财务系统，提高投资企业财务水平，进一步实现对投资企业运行情况的监督与管控
企业管理系统（EMP）	大数据平台，打破各系统的信息壁垒。集约整合各信息系统数据信息，落实公司内部长效信息化运营机制，实现信息共享共通，助力经营管理决策
智能分析系统（BI）	通过对系统数据的整合、加工、清晰，建立完善的数据库，形成企业内部清晰统一的数据标准架构，简化数据利用流程，整体提升业务管控能力、风险管理能力以及财务资金分析能力，发挥数据资产价值，助力公司决策分析

在 2022 中国数字化年会上，国投创益入选 2022 中国数字化转型与创新评选获奖榜单，荣获“年度数字化创新典范案例”称号。

第二节　“四梁”

国投创益以组织人才、一体化投资、党建领航、创新文化为投资管理体系的 4 个基本原则，作为管理体系的“四梁”。

一、组织人才

“四梁”——国投创益以组织人才为 4 个基本原则之一。

国投创益打破前、中、后台固有管理定位，以服务战略、价值创造、管理协同为宗旨，围绕募、投、管、退核心业务，发挥部门专业特点，构建了敏捷高效的组织。前台能力的核心在于灵活响应，敏捷交互，包含一级股权投资与管理、证券化投资与管理、子基金投资与管理和控股企业投资与管理。中台在于落实统一管控，为服务增值赋能，包含行业研究、运营管理、专业评估、风控合规、掌握投资人数据、项目数据、基金收益数据中台等。在募投管退全流程中，国投创益相关人员明确自身定位，沉淀专业能力，为业务提供专业性支撑，构造标准化流程，打造共享服务体系。

为打造核心竞争力，国投创益坚持“党管人才、业绩导向、同心共进”3个原则，落实“干部、人才、机制、组织”4个举措，夯实“创新文化、数字化”2个支撑，开创“聚势、聚力、聚能、聚合”发展新局面，形成以人力资本增值为核心的人才粮仓管理体系（见图28）。

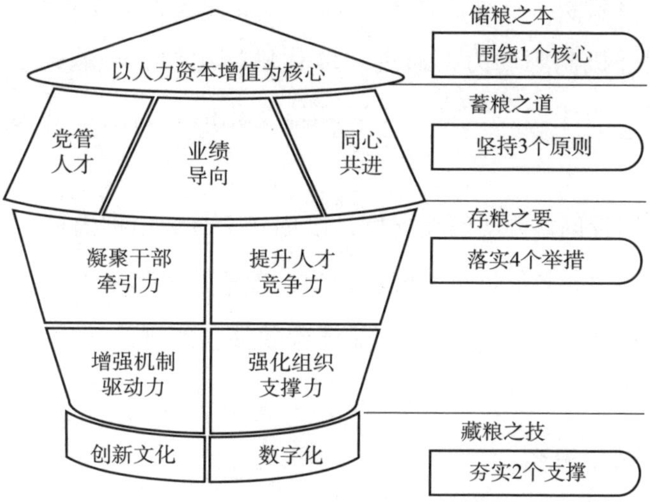

图28　国投创益人才粮仓管理体系

以“人力资本增值”为核心，作为人才粮仓管理体系的储粮之本，打造卓越的人才管理运营体系，打造一流影响力人才队伍，开创“干部聚势、人才聚力、机制聚能、组织聚合”的高质量发展新局面，持续提升人力资本价值。

国投创益坚持党对人才工作的全面领导；以市场化考核和业绩为导

向，鲜明树立重实干、重实绩的用人导向，以实绩论英雄，营造良好的人才竞争氛围；使员工实现人才成长与事业发展同频共振，坚持“同心共进”。

落实四大举措，凝聚干部牵引力，同时提升人才竞争力、增强机制驱动力和强化组织支撑力。夯实人才粮仓管理体系，存必要之粮。在组织中，国投创益的干部需秉承“德才兼备、不拘一格、知行合一、长效管理”的16字方针，打造先锋干部队伍，强化干部示范引领作用，凝聚干部牵引力。为提升人才竞争力，亟须以“建设五类人才队伍”为中心，落实“建标准、拓来源、重培养、优发展”四项工程来全方位提升人才竞争力；国投创益持续探索管理机制创新，通过推动全面薪酬理念、全周期激励理念、全要素考核理念落实落地，深度激发人才干事创业活力与持久动力，增强机制驱动力；通过一体化敏捷组织、自趋式学习型组织、持续性创新型组织建设，打造应对环境变化的“自适应能力”，强化组织支撑力。

此外，国投创益夯实两大支撑，以创新文化为精神内核，营造创新文化氛围，持续引导与促进员工创新行为，塑造持续创新人才队伍；以数字化手段为支撑，持续提升人力资源管理效能，实现人力资源管理跨越式发展。

二、一体化投资

“四梁”——国投创益以一体化投资为4个基本原则之一。

国投创益构建了一体化投资管理能力，形成研究与投资投管一体化、投前投后一体化、专业条线管理一体化贯穿始终、有机一体的管理体系。

- 研究与投资投管一体化

国投创益通过深入研究，洞察前沿方向和趋势，帮助投资团队在聚焦领域内，基于产业链上下游的深刻理解开展投资、风控、投后管理与服务，营造产业生态，持续打造核心竞争力。

为了更好地服务国家乡村振兴战略，加快向以研究和知识为驱动的市场化投资机构转型进程，国投创益成立了乡村振兴研究院。乡村振兴研究院以服务产业投资为导向、提高研究能力为核心，结合现有经验，重点开展乡村振兴重要政策理论、区域发展、行业布局、ESG 投资等课题研究。投资团队和乡村振兴研究院分工明确，但同时保持协调合作、信息同步，并实现研究资源共享。通过不断开展研究成果交流，给予双方足够的研究支持与信息反馈（见图 29）。

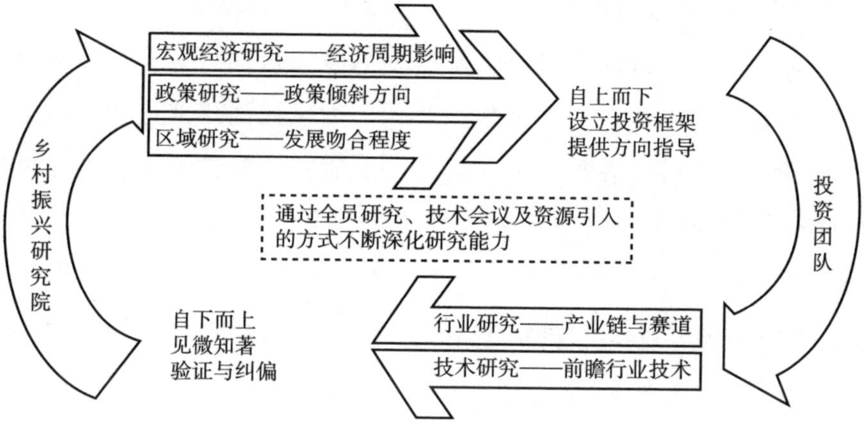

图 29 国投创益投研一体化体系

- 投前投后一体化

投前：

始终保持投前投后思路一致性，在设计投后管理重点关注内容时，结合投前立项方案和尽调报告中的要点，使投前目标能被投后管理过程贯彻和追踪。

立项时评估项目 ESG、风险、社会效益、经济效益等指标，投资阶段持续跟踪关注。进入投后阶段，通过全流程数据留痕，展开指标的再次评估，进行项目纠偏及预警。

投后：

在退出时点关注项目是否出险，并及时进行项目复盘，关注项目结果是否达投前预期，并总结投资得失的经验与教训，进一步补充完善投前对项目的尽调要求和筛选标准，尽可能降低投资风险。

总结投资经验，优化投资策略、手段和工具。

- 专业条线管理一体化

国投创益围绕业务全流程，联动风控、财务、运营等管理职能，统一各部门管理理念、管理体系及分类标准，并将专业管理要求嵌入业务过程中，共同实现国投创益投资风险可控、效益可达的目标。

财务会计部在项目立项前统筹财务风险与长期资金安排，在尽职调查、审计与评估中进行财务风险提示，为风控法律部进行风险审核意见决策提供支撑，在投资实施过程中负责投资打款安排，在投后管理中重点对财务风险进行监控，在投资退出时，提出资金效益优化建议。

在国投创益专业条线管理一体化的布局下，运营管理部在项目立项和尽职调查过程中负责建立社会效益与ESG数据管理要求，从而统筹社会效益与ESG数据的采集。进入投资决策和投资实施阶段后，运营管理部还需负责监督社会效益与ESG预测、评价、回顾的闭环，同时汇总分析进展与收益情况。

三、党建领航

“四梁”——国投创益以党建领航为4个基本原则之一。

国投创益党支部高度重视党建工作，打造“一个中心、三个到位、三个融合、六大工程、‘+’”的党建体系（见图30），积极开展各类活动，落实传承红色基因。此外，国投创益创新管理方式，设置专人任投资企业党建工作指导员，并出台了指导员管理细则。

国投创益积极落实廉洁责任，做实双向监督，深化学习教育，推进各类监督手段贯通融合，打造大监督格局体系，不断增强内部监督治理效能。

纪检监督：加强政治监督和日常监督指导，做实做细监督体系，聚焦“关键人、关键事、关键时、关键处”开展专项检查，对问题线索依规依纪依法处置，强化责任追究力度。

干部监督：建立监察对象名单和干部廉洁档案，重点加强对领导干部违规经商办企业等行为的监督，把各类监督发现的问题作为干部选拔任用、考核评价的重要依据或者参考。

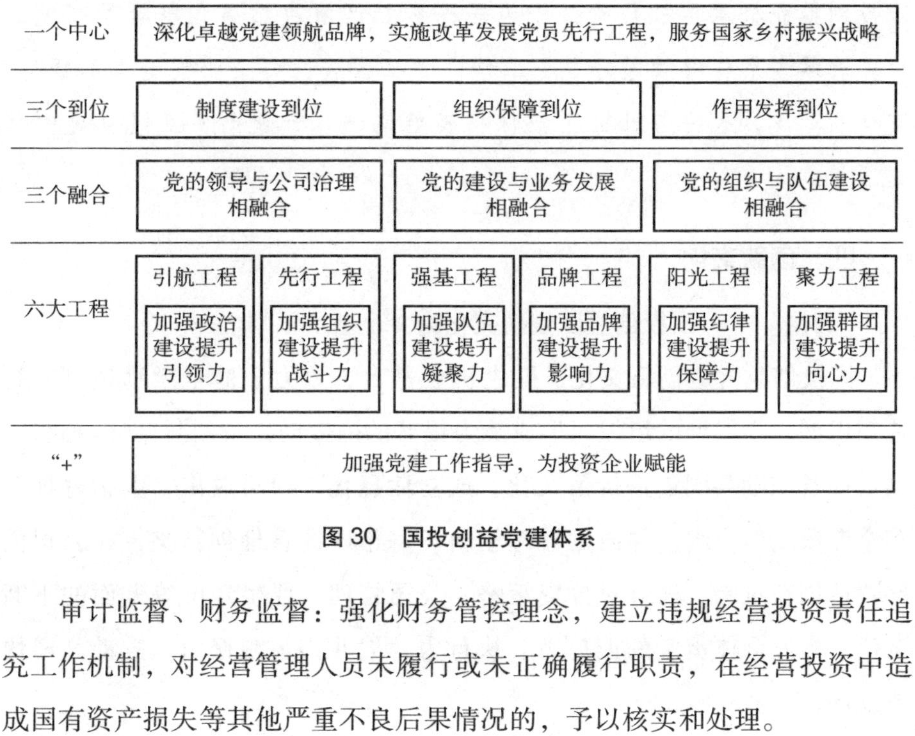

图 30　国投创益党建体系

审计监督、财务监督：强化财务管控理念，建立违规经营投资责任追究工作机制，对经营管理人员未履行或未正确履行职责，在经营投资中造成国有资产损失等其他严重不良后果情况的，予以核实和处理。

内控监督、法律监督：加强制度约束，建立四位一体风险管理框架，加强重点环节控制、重要流程控制、责任岗位控制，编订内控手册和制度汇编，定期开展内控自评。

国投创益党支部参与社区建设

国投创益通过前期沟通，了解到公司所在的白菜湾社区四巷道路照明条件不佳，随着冬季来临，雨雪天气增多，道路湿滑，居民夜间出行不便；社区居民活动站图书室缺少历史、文学、党建类书籍，退休职工休闲娱乐活动受限。为方便居民日常生活，丰富精神文化，国投创益党支部第一时间部署落实，紧急采购灯泡和一批精心挑选的图书，通过此次共建活动，赠予白菜湾社区党委。

白菜湾社区党委代表社区居民对国投创益党支部表示感谢，并对国投创益积极承担社会责任，为居民和社区解决燃眉之急给予高度评价，表示今后将继续做好服务工作，为社区居民和企业创造更加舒适、安全的环境，也将与社区企业保持良好沟通，开展更多互促互进的共建活动。

四、创新文化

“四梁”——国投创益以创新文化为 4 个基本原则之一。

国投创益营造创新文化，提供机会平台，致力于健全激励机制，打造知识型、学习型的组织，形成能力提升的内生动力与创新循环。此外，国投创益鼓励共同创造价值文化，成立信息化、项目退出、生物育种等多个专项工作小组，并鼓励管理创新，每年评选管理创新奖，在公司内部营造创新氛围，通过对投资策略、公司管理、数字建设等方面的不断迭代，激发全体员工的创造力、执行力、战斗力、凝聚力，推动公司快速发展。

- “益”论坛

“益”论坛是国投创益团支部的系列品牌活动之一，每季度举行一次。自举办以来，“益”论坛组织开展了一系列主题鲜明、内容丰富的活动，充分发挥了广大青年员工的生力军作用，为公司改革发展做出了积极贡献。国投创益秉持“兼容并包，博采众长”的原则，持续开办“益”论坛活动，为青年员工提供更为广阔的自我展示平台，积极打造学习型组织，建设和谐的企业文化。通过“益”论坛（“信息化工作分享”“前中后台经验分享”“交易所摘牌流程梳理”“投资的增值逻辑”等主题）、“益”分享（团建活动）丰富员工行业知识，促进员工内部交流（见图31）。

图31　国投创益团支部开展“益”论坛活动

“Pre-IPO项目中容易遇到的问题”主讲人从工作中的真实案例出发，结合公司发展需要和工作实践进行了投资复盘，详细阐述了IPO项目各个投资阶段可能遇到的问题以及解决方案。

- 首席专家培训

国投创益举办宏观经济及“专精特新”研究框架培训交流会，邀请中信建投首席经济学家、天风证券首席策略分析师等行业专家分别就宏观经济和“专精特新”研究框架等问题进行交流培训。交流培训作为国投创益“菁英计划”的一部分，进一步加深了参会人员对共同富裕、乡村振兴等国家政策的理解，提升了研究能力，为基金投资提供参考，有利于国投创益上下共同理解新导向、探索新方向，为践行ESG影响力投资理念打下良好基础。

第三节 “八柱”

一、行业研究

作为国内最大的影响力投资机构，国投创益形成了一套涵盖研究创新、投资赋能、业内交流以及经验分享的影响力投资拓展流程，充分发挥央企优势，将政策解读与行业研究相结合，积极建言献策，履行央企责任。此外，国投创益建立了宏观经济研究、政策研究、区域研究、行业研究和技术研究五大方面标准化、系统化的研究体系（见图 32），赋能投资与投管，打造核心竞争力。

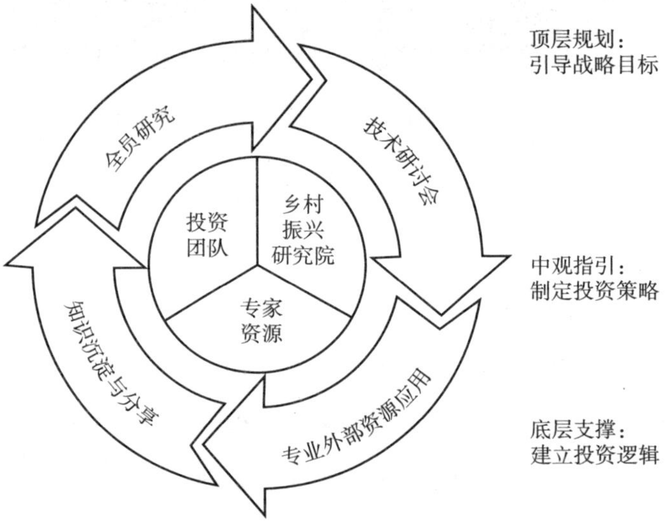

图 32 国投创益研究体系

- 乡村振兴研究院

乡村振兴研究院以服务乡村振兴产业投资为导向、提高研究能力为核心，结合现有经验，重点开展乡村振兴重要政策理论、区域发展、行业布局、ESG 投资等研究课题，定期发布研究专报，挖掘优质农业投资标的，探索合理规避风险路径，促进区域产业发展，加大对乡村振兴战略的服务力度。国投创益通过打造一流企业智库，进一步扩大自身在乡村振兴领域的影响力。通过聘任来自农业农村部、北京大学、中国人民大学、北京师范大学、中国社科院、中国农科院、科尔尼咨询公司、德勤企业咨询公司等部委、高校、研究机构、咨询机构的专家，为乡村振兴研究院赋能，共同为国家脱贫攻坚、乡村振兴战略贡献力量。

研究模式——分工合作、双向发力

乡村振兴研究院与投资团队研究各有侧重、分工合作，将高质量研究打造成基金投资的压舱石，重点关注坡长雪厚的新兴产业和民生产业及细分领域，涉及多个行业的多个主题，如现代农业、消费品、清洁能源、新能源汽车、国防军工、医药健康、机械设备、有色金属、工业互联网等。通过主题行业研究，总结乡村振兴政策、产业链情况、创新能力与竞争格局，并对相应行业未来表现进行预测，为投资决策夯实理论基础。

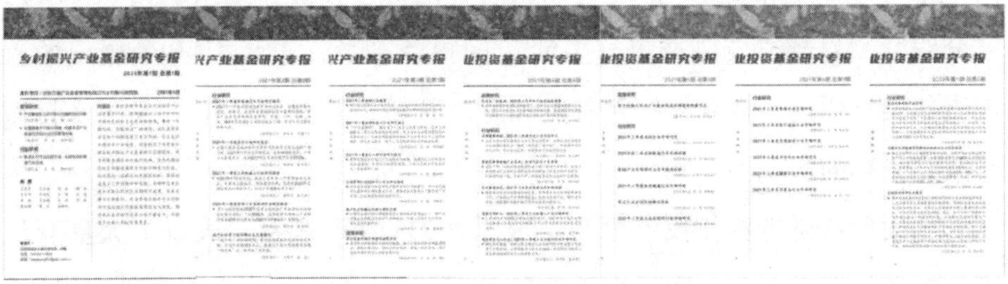

图 33　乡村振兴研究院专报

课题研究——“双碳”目标背景下的风险与机遇分析

迄今为止，国投创益累计开展共同富裕、生物育种、核心种源、医疗资源等多项课题研究。以“双碳”目标背景下投资机会分析的课题研究为例，国投创益结合国家提出的“双碳”目标，紧跟政策战略导向，拓展“双碳”目标下的发展内涵，积极寻找自身优势和国家乡村振兴战略及“双碳”目标的契合点，制定差异化投资战略、优化投资组合管理、践行责任投资准则。

为识别气候变化背景下，被投资行业的经济转型和实体经营影响相关风险，国投创益结合 TCFD 风险与机遇分析框架对五大重点投资领域下的细分行业进行定性分析和定量打分。为进一步提升公司在社会责任投资、可持续发展投资及低碳投资领域的认知，国投创益对已投项目的政策契合程度及可持续发展潜力进行全面分析与梳理，从而帮助自身识别潜在的可持续发展风险及气候变化风险。

在机遇方面，国投创益抢先拓展“双碳”目标背景下产业发展前景好的业务板块，紧抓责任投资、低碳投资发展机遇，持续打造新的利润增长点。

- 分享实践经验，诠释央企担当

国投创益积极开展行业交流。通过参加业内论坛会议、接待调研交流团队等方式，将先进经验与国内、国际致力于减贫事业的国家及组织分享。与此同时，充分汲取国际先进经验，共同研讨国内国际减贫事业面对的困难与可行性解决方案。通过加入联合国责任投资原则组织（UNPRI），充分践行“卓越投资创造美好生活”的投资理念，秉承 UNPRI 提出的六项责任投资原则，在乡村振兴重点和急需领域进行布局，助力我国乡村振兴战略目标的实现。

国投创益秉持责任投资原则，遵循 ESG+管理体系，成就了大量有代表性的乡村振兴企业。明星案例连续两年入选《中国企业扶贫研究报告》和 2021 年《中国乡村振兴之路白皮书》（见图 34）；登上央视频平台，并在国内多地讲述产业扶贫基金国家队的工作成果；《人民日报》、《新华社》、《经济日报》《新闻联播》、《焦点访谈》、中央电视台科教频道、中国证券网、《光明日报》、《金融时报》、《母基金周刊》等媒体先后报道国投创益助力脱贫攻坚取得的成效及优秀投资案例。

国投创益积极履行央企责任，从国家级基金管理人的定位出发，积极向决策机构建言献策。2021 年，将课题研究成果《中央资金投入产业发展巩固脱贫成效的调研报告》上报中央，获得重要批示。国投创益还结合自身实践，向中共中央办公厅、国务院国资委先后上报参考材料，积极为被投企业争取政策支持，其中涉及新疆棉花产业、生物育种产业、清洁能源产业等领域，进一步扩大在政策和行业内的影响力。

图 34　明星案例

二、投资管理

（一）“1234”管理体系

国投创益形成了完整的“1234”管理体系，即坚持 1 个目标，发挥 2 个优势，执行 3 个策略，强化 4 个支撑，坚持以影响力投资为目标，充分发挥资本与资源双重优势，全面助力公司投资业务（见图 35、表 13）。同时，围绕战略规划，时刻关注和深入研究国家政策和产业环境变化，以此定期评估、分析、更新投资策略，调整投资计划。

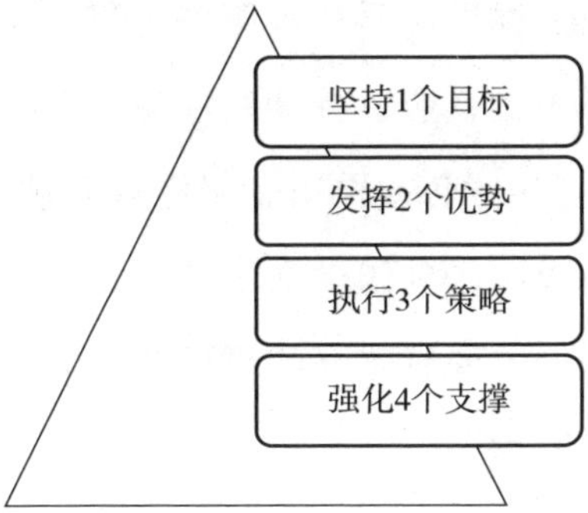

图 35　国投创益“1234”管理体系

表 13　国投创益“1234”管理体系的具体内容

1 个目标	坚持构建一流影响力产业投资平台的发展目标	国投创益始终坚持服务国家战略，坚持社会效益与经济效益并重，同时坚持市场化运作与专业化运营并行
2 个优势	发挥资本优势 发挥资源优势	国投创益持有长期资本，可以循环投资，从而充分发挥资本效益 国投创益聚合集团优势资源，将各方优势良性循环
3 个策略	组合投资策略 ESG+投资策略 “链主”引领策略	综合项目收益、影响力、风险，对于不同周期、行业、投资类型进行合理组合 构建特色 ESG+管理体系，助力服务乡村振兴 聚焦五大主题，打造“链主”，聚链成群
4 个支撑	以行业研究为理论支撑 以流程要求为行动支撑 以信息化为技术支撑 以投资闭环为机制支撑	研究引领投资，构建坚实的理论基础 严格落实投资流程要求与标准 信息化固化要求与工具模型 坚持“策略分解—指标工具—流程执行—复盘总结—策略优化”的投资闭环，对投资体系进行动态优化

（二）投资路径与方法

国投创益立足自身优势，充分发挥连接资源的桥梁作用，集合区域内乡村振兴发展的优势条件，以股权投资吸引外地产业龙头企业到当地投资。

作为“义利并举”的投资机构，国投创益着力扶持本地优质企业，助力其做大做强，立足地方资源禀赋和产业规划，优选带动能力强、有核心竞争力和抗风险能力的企业，通过赋能式的投后管理机制，支持当地企业成长壮大，带动区域乡村产业发展；国投创益积极打造区域产业发展平台，为推动区域产业发展提供优质助农服务，投资了农产品批发、电商零售、仓储、冷链运输等平台企业，持续畅通城乡双向流动，以此打通服务乡村的“最后一公里”。国投创益同时积极有效调动社会资本的共同参与，充分调动地方政府的积极性，合作设立子基金，充分借助他们对地方熟悉的优势，开创央地协同助力乡村振兴的新模式，为私募股权基金行业助力乡村振兴提供宝贵的实践参考。

国投创益主要采取两种方法，一是充分发挥基金优势，二是重点依托产业龙头企业展开投资运作。作为国资基金，国投创益充分发挥国资体系内规模大、存续久、成本低的资金优势和容易与股东、龙头企业及地方政府等建立更紧密的合作的项目资源优势，与市场同行竞争；国投创益重点投资龙头企业，借助其资本与产业能力，平衡经济收益与社会效益，探索"借船出海"的精准产业扶贫模式，同时以资本撬动"技术+产业"，实现全生产要素输出，为欠发达地区注入可持续发展动力。

（三）投资管理工具

国投创益针对日常投资管理与核心业务流程管理需要，形成目标用途清晰、标准一致的一体化投资管理工具，并不断丰富完善，为工作要求与理念的落实以及总体战略目标的达成提供有力支撑。

针对前台业务，使用投资负面清单、投资十二问、项目投资风险审查清单等工具，从被投公司成长性、持续性、财务强度和投资判断等角度进行分析，甄选优势企业；针对中台支撑职能，使用经济效益预测与分析工具、社会效益及ESG预测与分析工具、项目估值工具、投资协议保护性条款和制度与流程管理工具等保障国投创益中台部门的职能完备，以达到支撑整体战略目标的目的；针对后台业务，为保障其监督职能，采用内部监督管理工具和信息系统风险检查（见图36）。

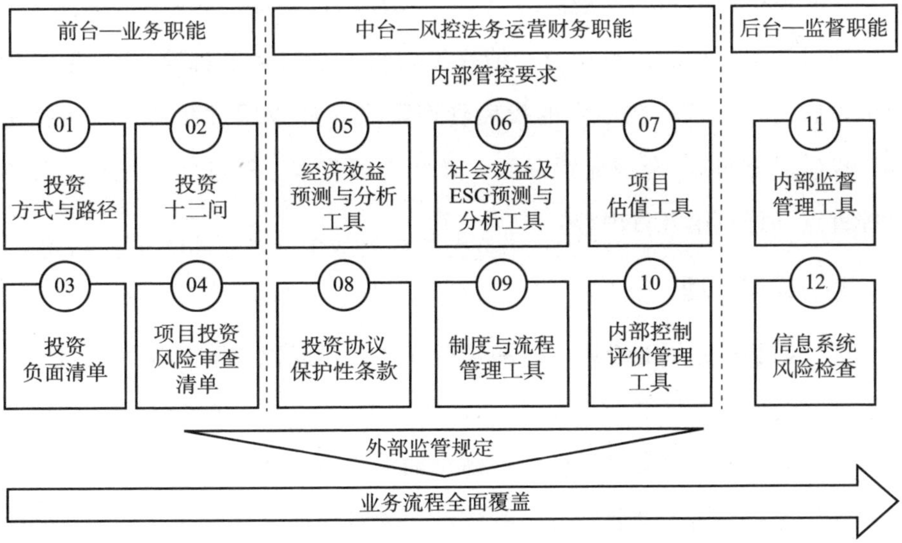

图36　国投创益投资管理工具

三、投后管理

国投创益搭建了主线清晰、目标明确、理念鲜明、指引落地的投后管理体系，统一目标，统一原则构建投前投后一体化战略，为达成构建影响力产业投资平台，坚持以投后标准化管理要求、投后管理数字化支撑、差异化管控为理念，保障国有资本保值增值（见图 37）。

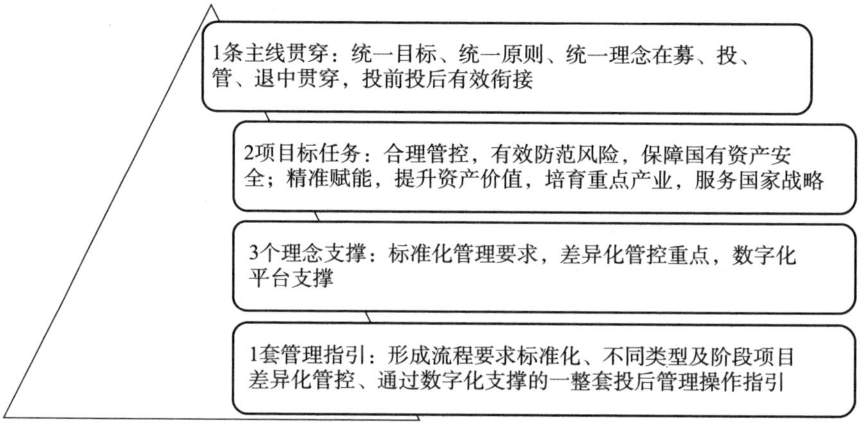

图 37　国投创益“1231”投后管理体系

在被投企业不同的发展阶段（如初创期、扩张期、成熟期等），对不同的项目类型（如股权类项目、债权类项目、子基金项目等），采取差异化的投后管理方式。在不同的投后管理阶段（如投后过渡期、投后稳定期、投后退出期），合理配置资源，降低管理成本，精准防范风险，突出管控重点（详见第九章内容）。

四、风险管理

国投创益打造了五级风险监测预警体系，形成以风险管理为指引、内控管理为途径、合规管理为底线、监督管理为闭环，并通过风控文化建设、数智化建设双效支撑的四位一体全面风险管理体系（见图 38）。优化风险管理组织架构，降低项目风险敞口，严格管理合规风险，完善风险闭环管理。确保风险识别、风险评估、风险计量、风险监测、风险报告等各个环节紧密衔接，有效防范和应对各类风险，坚决守住风险底线，保障投资业务稳健发展。

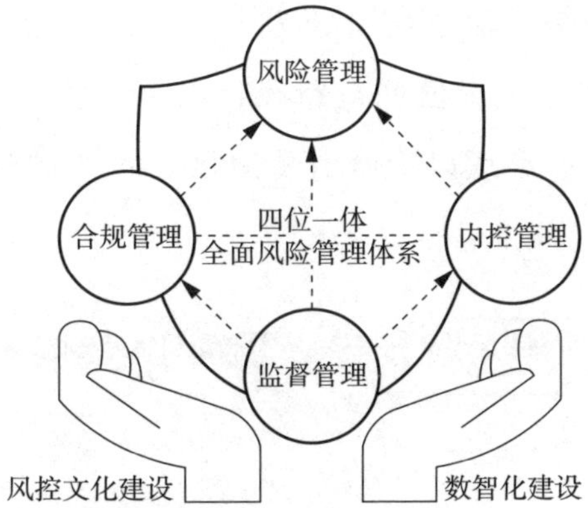

图 38　国投创益全面风险管理体系

国投创益拥有层级化的风控职能体系，由董事会授权，专业委员会研究处置，再由总经理办公会进行项目立项，风控法律部进行组织、审核与监控，最后由各部门团队负首要责任进行贯彻实施。此外，国投创益打造动态闭环风险管控机制，实现风险动态评估、风险及时报告和风险高效处置的闭环管控体系。通过数智化建设，国投创益实现风险管理 IT 系统硬控制（见图 39）。

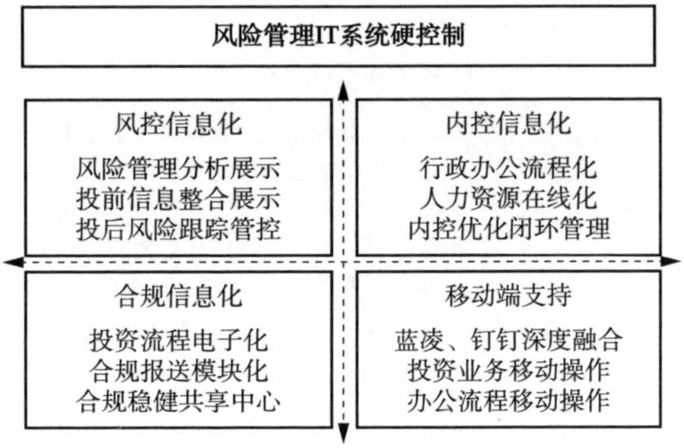

图 39　国投创益风险管理 IT 系统

五、财务管理

国投创益高度重视财务风险的识别、评估、管理与监督检查，依法合规开展投资业务。以价值引领为1个原则目标，贯彻2个方面价值管理策略，落实3个价值创造路径，以4大价值驱动要素为支撑，构筑统一管理体系，形成以价值引领为核心的“1234”财务管理钻石体系（见图40、表14）。

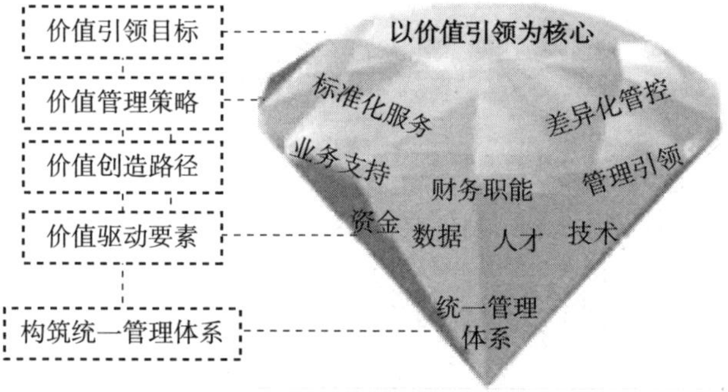

图40 国投创益“1234”财务管理钻石体系

表14 国投创益“1234”财务管理钻石体系的主要内容

目标	“1”：以价值引领为1个原则目标，构建统一价值管理生态	财务管理强化以价值引领为核心，并基于国投创益产业基金统一管控体系，形成财务特色管理体系，构筑国投创益统一管理体系
策略	“2”：贯彻2个方面的价值管理策略	通过标准化服务，固化管理要求，保障价值实现；通过差异化管控，强化管控重点，优化资源分配，实现价值增效
路径	“3”：落实业务支持、财务职能、管理引领3个价值创造路径	财务管理始终坚持以价值引领为核心，坚持核心业务精准赋能、财务职能专业支持、公司管理主动规划，并结合公司业务特点，进一步推动业务服务价值创造、资本运作与财务职能创新，国投创益价值战略的主动规划，财务管理从被动管控到主动管理，从管理支持到战略引领，充分发挥财务价值作用
要求	“4”：在新的价值理念下，以4大价值驱动要素为发力点	基于财务价值引领的职能定位，强化资本运作，激发数据价值，完善人才建设，深化信息技术，全面支撑财务转型升级

国投创益通过标准化服务与工具、差异化管控与评价，刚柔并济搭建有效的项目评价体系，使过程管控与结果评价相结合，从而提升财务管理效能（见图 41）。

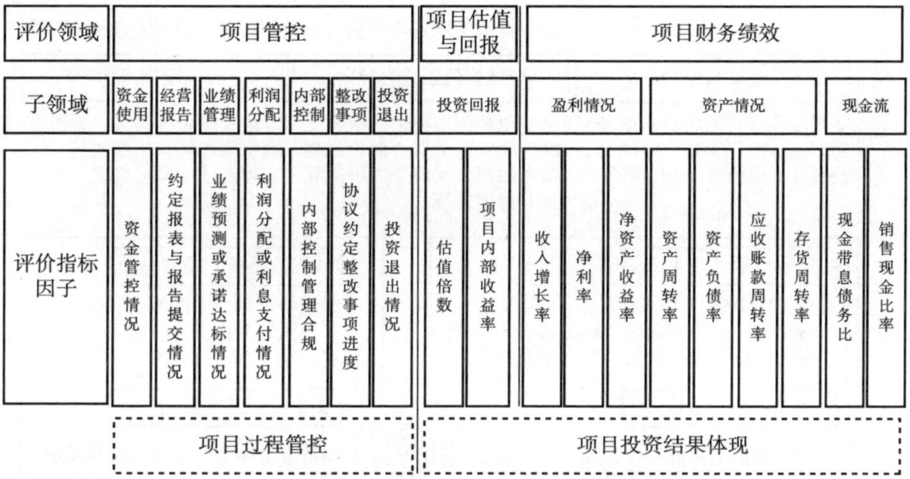

图 41　国投创益项目评价体系

六、绩效管理

企业的发展离不开人才，作为人才密集型的金融行业，吸引和留住人才更是企业实现可持续发展的决定性因素，而有效的绩效激励举措则是调动员工积极性、使员工获得强烈归属感的重要措施。国投创益以激发员工干事创业活力与动力为核心，追求三个目标、坚持三个导向，激励与考核协同发力，持续激发人才活力、持续增强人才效能、持续提升业绩表现，加速一流影响力机构建设进程（见图 42）。

- 三个目标

国投创益明确“活力更足、人效更高、业绩更优”的三大绩效管理目标，持续激发人才活力、持续增强人才效能、持续提升业绩表现。

- 三个导向

国投创益坚持“业绩贡献、价值创造、风险捆绑”的三大导向，坚持以业绩贡献决定薪酬分配的原则，真正体现“业绩升、薪酬升，业绩降、

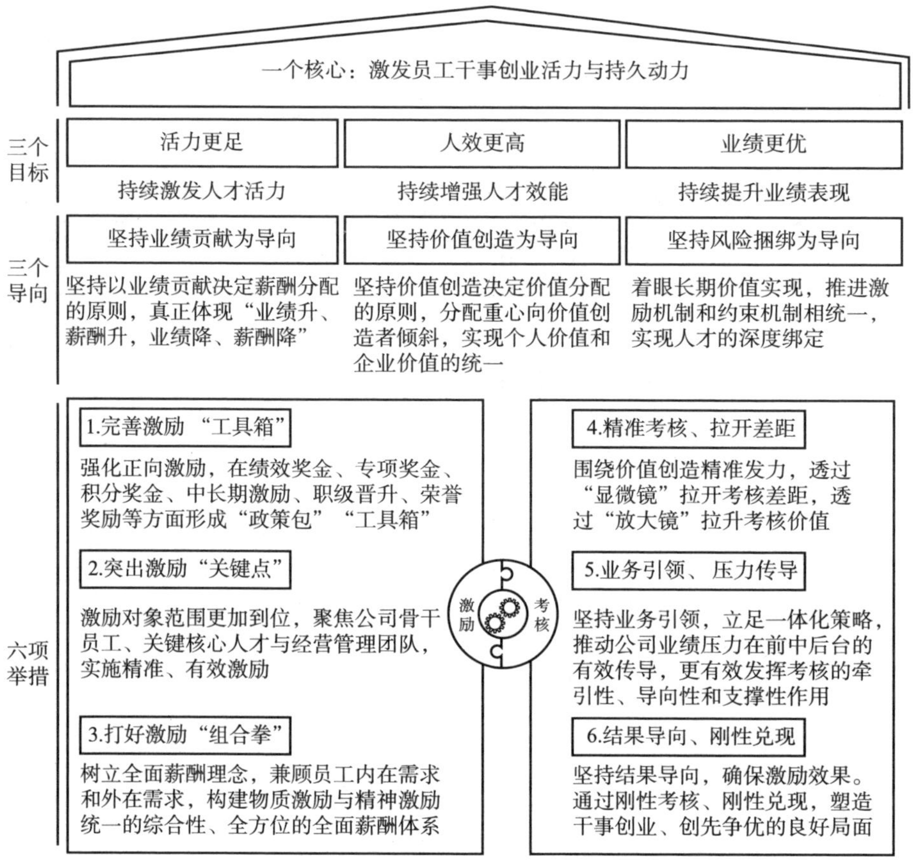

图 42 国投创益绩效激励体系

薪酬降”；坚持价值创造决定价值分配的原则，分配重心向价值创造者倾斜，实现个人价值和企业价值的统一；着眼长期价值实现，推进激励机制和约束机制相统一，实现人才的深度绑定。

- 六项举措

国投创益以考核和激励相结合的方式通过六项举措搭建企业绩效管理体系。

- 完善激励“工具箱”

国投创益强化正向激励，在绩效奖金、专项奖金、积分奖金、中长期激励、职级晋升、荣誉奖励等方面形成“政策包”“工具箱”。

• 突出激励“关键点”

国投创益激励对象范围更加到位，聚焦公司骨干员工、关键核心人才与经营管理团队，实施精准、有效激励。

• 打好激励“组合拳”

国投创益树立全面薪酬理念，兼顾员工内在需求和外在需求，构建物质激励与精神激励统一的综合性、全方位的全面薪酬体系。

• 精准考核、拉开差距

国投创益围绕价值创造精准发力，透过“显微镜”拉开考核差距，透过“放大镜”拉升考核价值。

• 业务引领、压力传导

国投创益坚持业务引领，立足一体化策略，推动公司业绩压力在前中后台的有效传导，更有效发挥考核的牵引性、导向性和支撑性作用。

• 结果导向、刚性兑现

国投创益坚持结果导向，确保激励效果。通过刚性考核、刚性兑现，塑造干事创业、创先争优的良好局面。

七、知识管理

为营造创新文化，为员工提供机会平台，国投创益逐步健全激励机制保障，建立企业知识管理体系及知识地图，加深员工对于所投资产业、产业资源协同等全方位的理解，同时知识库机制便于国投创益上下进行资源共享及不断优化补充，从形成行业洞见、服务业务发展、培育内部专家、助力管理提升四大方向推动知识管理成为品牌塑造及管理提升的核心竞争力，进一步打造知识型、学习型组织，形成能力提升的内生动力与创新循环。

• 知识管理机制

国投创益为了实现知识的有效管理，首先应建立和完善相关管理机制，从知识管理框架、相应规范制度、管理流程等方面构建知识管理框架体系。国投创益通过规划知识管理相关的组织架构、管理制度、激励措施等，并重点分析与业务过程相结合的知识管理模式，建立健全知识管理机制。

- 知识管理系统

在知识全生命周期的管理过程中，需对知识收集、分析、存档、共享等全过程进行数据记录，同时需要及时开展回溯和审计，因此，搭建知识管理系统将有效实现对知识的全方位管理。国投创益探讨支持知识管理的信息系统规划与实施问题，建设有效知识管理体系的技术平台，实现知识管理目标的系统落地。

- 知识地图

国投创益开展识别、分类和结构化管理，可更好地支持企业业务运营和发展，因此，建立完整、一致、准确的知识管理地图将大大提高知识管理和使用效率。国投创益规划知识管理的范畴，明确知识的分类，并基于知识分类的目录体系、归属管理部门梳理形成知识地图。

八、ESG+管理

国投创益作为国家级基金管理人，围绕乡村振兴的战略部署，在传统ESG指标的基础上融入乡村振兴特色指标，建立了ESG+乡村振兴影响力投资管理体系，以“一项原则，两条路径，三种工具”为乡村振兴持续贡献力量。

在顶层设计的投资目标方面，国投创益提出了影响力投资星火（S. P. A. R. K）原则，该原则是国投创益在乡村振兴阶段影响力投资的整体方略，旨在贯彻以乡村振兴为核心的影响力投资理念，发挥基金的引领作用。同时，通过ESG影响力投资闭环管理体系，以及将ESG融入“募投管退”全流程这两条路径，并通过ESG评价指标体系、ESG数据库和ESG影响力报告这三种实施工具，确保影响力投资落到实处（见图43）。具体的投资管理体系内容见第三篇。

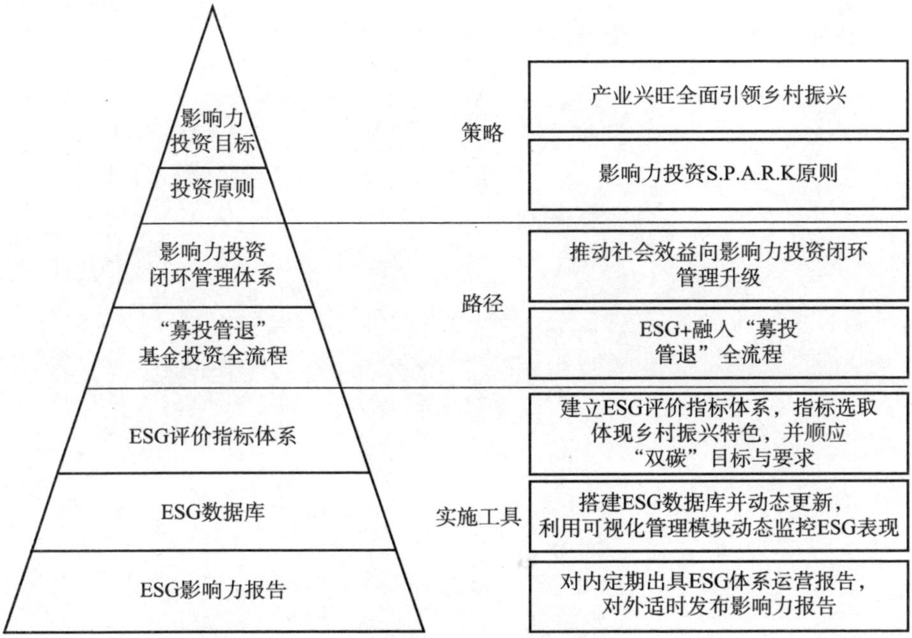

图 43 国投创益影响力投资总体框架

第三篇

ESG+乡村振兴影响力投资管理体系

将ESG因素融入私募股权“募投管退”全流程始终是业内共同探索的课题。国投创益秉持乡村振兴与影响力投资相结合的理念，在实践中不断探索，总结经验，形成了ESG+乡村振兴影响力投资管理体系，将影响力投资理念和ESG+融入“募投管退”全流程，为国内影响力投资的发展添砖加瓦，为国家实现高质量发展助力，为全球的可持续发展贡献力量。这一部分将介绍国投创益ESG+乡村振兴影响力投资管理体系，并详细介绍其如何融入“募投管退”全流程。

第七章

ESG+乡村振兴影响力投资管理体系

影响力投资实施的影响力管理相比ESG投资更为系统化和严格。逾七成的ESG投资者主要在尽职调查的环节考虑ESG因素①，而影响力投资不仅需要衡量项目最后阶段的效益，还需要将影响力管理融入投资的全流程，如尽职调查、投资决策和投后管理等。尽管业内已有呼声，建议资产所有者推动“尽责责任链”机制建设，强化资产管理机构全流程ESG尽责管理理念和能力②，但真正将ESG融入投资全流程的机构尚在少数。作为国内影响力投资的先行者之一，国投创益ESG+乡村振兴影响力投资管理体系（以下简称ESG+）包含自上而下的“一项原则，两条路径，三种工具”，并已全面融入国投创益影响力投资战略框架。本章将介绍ESG+的整体情况。

第一节　一项原则

影响力投资S. P. A. R. K原则是国投创益在乡村振兴阶段影响力投资的整体方略，旨在贯彻以乡村振兴为核心的影响力投资理念，发挥基金的引领作用，充分调动社会资源投向国家重大民生战略领域的同时，撬动被

---

① Bain，Company. Limited Partners and Private Equity Firms Embrace ESG，2022.

② 北京绿色金融与可持续发展研究院．中国ESG投资尽责管理之探索：理念、框架与展望［R］. 2022.

投企业采取积极行动，携手推进可持续发展。

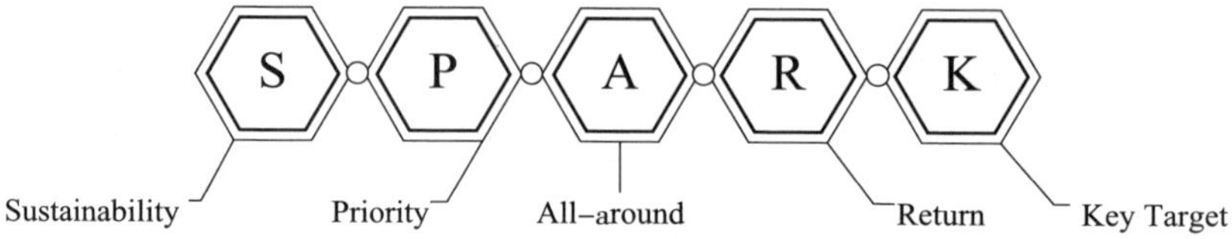

图 44 S. P. A. R. K 原则

- S 即 Sustainability（可持续发展），关注企业可持续经营能力

国投创益相信被投企业应当具有良好的商业模式和完善的公司治理机制，以抵御内、外部风险，实现企业自身的可持续发展。公司期望被投企业通过稳健的运营，为推动乡村振兴、社会发展贡献源源不断的力量，不断巩固脱贫攻坚成果。

- P 即 Priority（优先），坚持农业、农村、农民优先发展

国投创益坚持在投资的全流程中紧密围绕被投项目对实现农业高质高效、乡村宜居宜业、农民富裕富足的促进作用开展评估决策。在投资的全流程中明确所有投资项目均应为乡村振兴战略的实施提供助力。

- A 即 All-around（全面），助力乡村全面振兴

国投创益全方位考量被投项目在促进乡村经济建设、文化建设、社会建设、生态文明建设等各个维度产生的影响。注重乡村发展各个领域的协同性及关联性，推进乡村产业、人才、文化、生态、组织等全面振兴。

- R 即 Return（回报），兼顾经济和社会效益

国投创益除考量投资项目所产生的经济效益外，还着重关注项目在乡村振兴领域所产生的积极社会影响（包括社会层面和环境层面的改变），并评估项目实施所能产生的社会贡献，作为重要的投资决策依据。

- K 即 Key Target（重要目标）

国投创益紧紧围绕服务乡村振兴战略，推动实现可持续发展目标。不断探索产业基金服务乡村振兴的新路径、新方式，以现代农业消费品、清洁能源、新能源材料、先进制造、医疗健康等为方向助力欠发达地区发

展，以可持续高质量发展为全面推进乡村振兴贡献力量。

第二节 两条路径

国投创益通过推动社会效益向影响力投资闭环管理升级，对被投企业形成约束；将ESG价值驱动因素融入“募投管退”全流程，构建具有央企特色的ESG+乡村振兴影响力投资管理体系。

一、ESG+影响力投资闭环管理

国投创益通过融入定性、定量的ESG评价体系，通过六个步骤实现影响力投资“准备阶段—尽调阶段—投资环节—投后环节”全流程的闭环管理（见图45）。

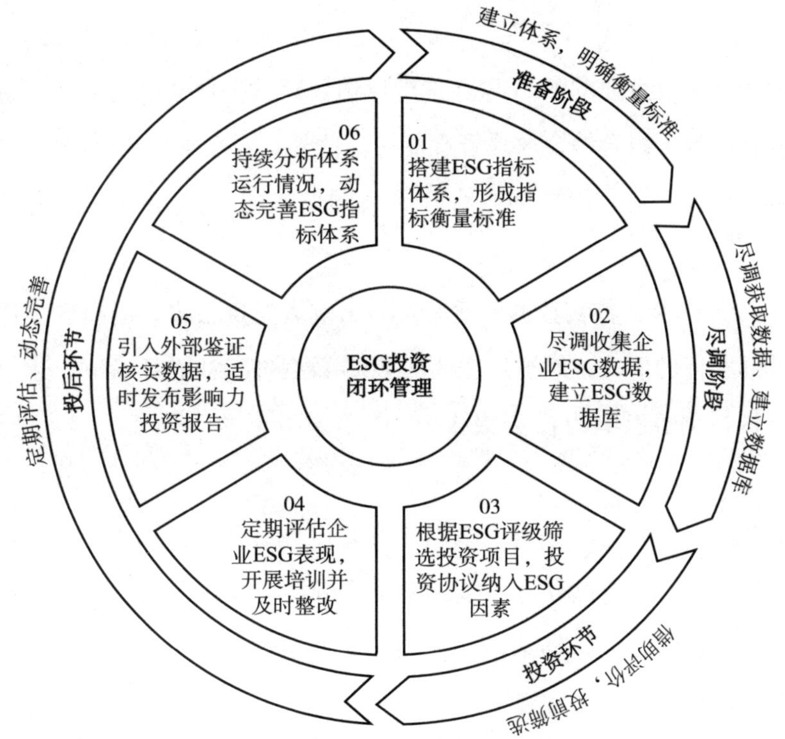

图45 ESG+影响力投资闭环管理体系

• 搭建ESG指标体系，形成指标衡量标准。国投创益建立了ESG评价指标体系，通过分析及汇总公开渠道资料，收集行业ESG数据并建立衡量标准。

• 尽调收集企业ESG数据，建立ESG数据库。国投创益通过ESG尽调或将ESG内容融入投前尽职调查的形式，获取评级所需的企业ESG数据。此外，通过吸纳各行业ESG数据以及外部数据，形成国投创益ESG可视化数据库，并进行不定期动态更新。

• 根据ESG评级筛选投资项目，投资协议纳入ESG因素。国投创益根据ESG评价指标体系对拟投项目按标准打分及评级，确保所投标的选择遵循乡村振兴战略导向、符合整体战略要求，筛选优质项目。同时，国投创益将ESG内容纳入投资协议，并在相应条款中对企业ESG表现目标进行明确和约束。

• 定期评估企业ESG表现，开展培训并及时整改。国投创益通过影响力投资体系对被投企业的ESG风险进行评估，及时引导被投资企业，有效提升国投创益投资组合综合风险管理能力。此外，对于ESG指标数据呈现下滑趋势的被投企业，国投创益将开展不同形式的ESG培训并督促其加快整改。

• 引入外部鉴证核实数据，适时发布影响力投资报告。国投创益通过第三方外部鉴证的形式，对被投企业的ESG数据进行抽查及验证，适时对外发布《国投创益影响力投资报告》，推动国投创益ESG品牌和评价体系输出。

• 持续分析体系运行情况，动态完善ESG指标体系。国投创益对现有影响力投资体系进行持续分析，形成综合分析结果，并根据国家战略政策调整和体系运行综合分析结果动态调整指标项，增强实用性及数据准确性，形成指标体系的滚动完善机制。

二、ESG 融入“募投管退”全流程

国投创益在募集资金、基金投资、投后管理、股权退出的各环节引入ESG 理念。

• 募集资金环节：对外输出管理体系，吸引多渠道资金。国投创益通过影响力体系运行积累的 ESG 数据，每年发布影响力报告，对外输出特色管理体系，并通过 ESG 投资理念在一级市场发挥更大的示范效应，吸引更多资金注入乡村振兴事业。

• 基金投资环节：投决考量 ESG 评价结果，投资协议明确 ESG 目标。国投创益投前按照 ESG 因素结合投资策略的方式进行项目筛选和投资。通过尽职调查获取标的企业 ESG 数据及风险报告，并评级以支持做出投资决策。将 ESG 内容纳入投资协议，明确 ESG 表现目标，在相应条款中进行约束。

• 投后管理环节：投后评估分析 ESG 表现，协助提升 ESG 管理能力。国投创益定期对被投企业的 ESG 现状及 ESG 风险进行监控和分析，评估其ESG 相关事项，推动改进。同时，投后 ESG 评估结果将为下一期基金投资提供参考。

• 股权退出环节：退出充分考虑 ESG 因素，兼顾回报及可持续。国投创益秉持兼顾财务回报和乡村可持续发展的综合退出方案；将 ESG 绩效作为触发退出的条件之一。

第三节　三项工具

国投创益建立了 ESG 评价指标体系，搭建了 ESG 数据库，定期输出ESG 体系运营报告，以三者为抓手，确保影响力投资落到实处。

一、ESG 评价指标体系

ESG 评价指标体系建设是国投创益 ESG+管理体系的重点。根据评价

指标合理、科学和可行的原则，国投创益基于脱贫攻坚阶段建立社会效益评估体系的经验，经过不断优化完善，形成了一套完整的 ESG 评价指标体系，成为 ESG 投资管理体系的有力工具，彰显央企履行社会责任的表率作用，同时将“双碳”目标和共同富裕目标充分融入。国投创益历经准备期、建设一期以及建设二期，通过对标、研究市场上 ESG 指标体系及相关行业 ESG 最佳实践，最终在自身社会效益指标体系的基础上，有规划、有步骤地搭建出具有国投创益特色的 ESG 评价指标体系（见图 46）。在此过程中，邀请外部 ESG 行业专家深度参与，并给予专业指导，保证最终成果的科学性、完整性以及先进性。截至 2022 年 12 月 31 日，国投创益已成功应用该指标体系对 100 余家被投企业进行评价，并基于评价结果，协助被投企业制定 ESG 提升方案。

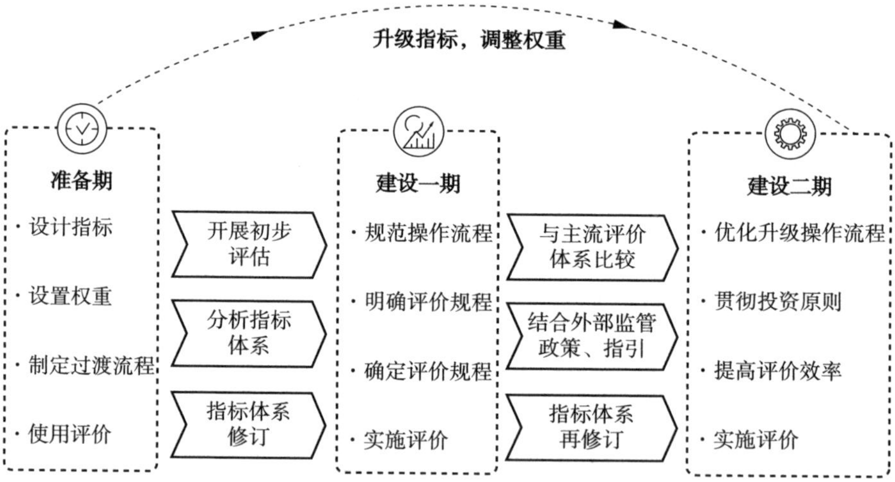

图 46　国投创益 ESG 评价指标体系

- 准备期成果

国投创益初步设立覆盖环境、社会以及治理的 13 项评价二级指标以及各项指标对应权重（见表 15）。

表 15　准备期指标体系

一级指标	二级指标
环境（E）	改善人居环境
	强化资源保护与节约利用
	加强生态保护与修复
	助力实现碳达峰、碳中和
社会（S）	提升就业质量
	提高收入水平
	增加公共服务供给
	强化人才支撑
	产业发展壮大
治理（G）	战略管理
	公司治理
	风险合规
	公司行为

- 建设一期成果

在初期指标的基础上，进一步细化明确了三级指标与涉及议题，并总结出国投创益特色 ESG 指标体系的 5 大特色：

特色 1：服务国家重大民生战略，全面推进乡村振兴，助力中华民族伟大复兴目标实现。

特色 2：构建责任投资体系，彰显央企履行社会责任的表率和先锋作用。

特色 3：在多层次市场贯彻责任投资理念，带动相关产业可持续发展。

特色 4：采用国际主流 ESG 指标框架，充分考虑国际标准与国内实际情况的结合。

特色 5：助力中国履行减缓气候变化国际义务，推进“双碳”目标实现。

通过分析投资项目与乡村振兴战略的契合点，最终聚焦“生态宜居”“生活富裕”“治理有效”“乡风文明”以及“产业兴旺”5 大评级维度。

应用一期评价方案，对被投企业进行 ESG 评价。

步骤 1：整理调研结果，对企业进行打分评价，按照其所在行业重新设置的权重得出初步评价结果。

步骤 2：总结当前企业仍欠缺的材料，与企业进行第二轮、第三轮的材料收集及确认。

步骤 3：根据企业反馈以及评价情况，对指标进行优化调整。最终将 ESG 影响力投资评价情况汇总。

根据试用结果，总结发现问题，提出解决方案，对一期 ESG 指标修订进行更新、完善。

表 16 建设一期问题及解决方案

原有问题	解决方案
1. 被评企业不了解应该提供何种信息或材料，影响最终评价结果	在 ESG 评价流程中，增加与企业进行二轮确认或补充的环节
2. 部分指标评分标准过高或难以打分，无法体现差异性	对现行的部分指标评分标准，进行进一步修订
3. 部分指标并非适用于全行业，信息难以获取，实操性较低	对已发现的不适用指标，进行相应的替换或删减
4. 部分指标设定得过细，导致某些评价方面的所占权重过高	整合重复或者过于细化指标

- 建设二期成果

（1）持续优化升级评价指标体系

国投创益在一期所制定的 ESG 指标体系整体框架基础上，保留国投创益特色，结合港交所 ESG 指引、恒生可持续发展指数、MSCI、DJSI 评级等对于企业 ESG 信息披露的要求，对指标进行了更新和完善，对具体评估模式和评估标准进行修订。

1）原有 ESG 评价指标进一步升级：新增 10 个三级评价指标，形成包含二级指标 11 项、三级指标 25 项的 ESG 评价体系。其中，随着国内企业 ESG 披露水平的变化，增加更多维度的评分指标，如生物多样性等。

2）修订原有乡村振兴评价指标：二期乡村振兴指标延续了一期影响力投资 S. P. A. R. K 原则，国投创益结合国家发布的相关政策文件，在“项目与乡村振兴契合度”和“项目影响范围”方面优化，使评价指标更易判断、更透明、乡村振兴成效更突出。

（2）搭建适用于上市及非上市企业的两套 ESG 评价体系

考虑到上市公司 ESG 管理水平普遍高于非上市企业，且监管机构及相应政策针对上市公司有更明确的 ESG 相关要求，为确保最终评价结果更具可比性与参考性，国投创益分别针对上市企业和非上市企业建立两套 ESG 评价指标体系。两套 ESG 评价指标体系的评分逻辑整体相似，差异主要集中在 ESG 三级指标的种类及得分依据上（见图 47）。

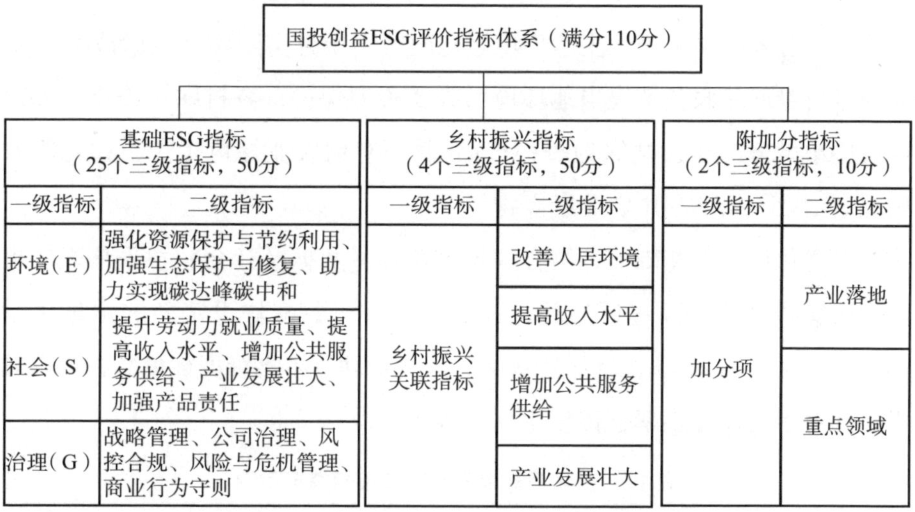

图 47　国投创益 ESG 评价指标体系

（3）乡村振兴指标体系优化

2018 年以来乡村振兴政策不断丰富，国投创益依据最新乡村振兴政策迭代评分标准及元素，并制定对应指标考察被投企业，增强了乡村振兴评价体系的政策契合度。根据不同的政策更新，对相应标准进行更新。如 2021 年 12 月，国家出台《加快农村能源转型发展助力乡村振兴的实施意见》，依据政策，在产业兴旺维度增添能源转型标准，对农村光伏、风电、生物质能源等行业的企业发展予以推动。

国投创益在导入政策更新之后，对具体的标准进行了迭代：

（1）针对原有标准的位置、范围、表述进行修订，合计标准 7 条，例子 14 条。通过对评分标准的范畴和分类进行调整优化，使其逻辑性更强，结构更加严密。

（2）进一步优化指标的举例内容，增强了实际可用性，如原标准中对“公共服务水平”的举例，从“企业在乡村振兴地区建设休闲观光园区、康养基地、特色小镇、乡村民宿等”改为“企业业务有助于乡村养老水平提升，如建设养老助残服务机构与设施、农村幸福院等互助型养老”；将原标准中“生态环境”的举例，从“通过塘村集中建设以及积极发展苗圃产业等，有效解决了当地生态环境恶化问题”结合实际鉴证经验改为“企业通过自身产品服务解决当地环境污染及资源保护；乡村绿化美化，如建设村庄小微公园和公共绿地等；产品/服务有助农业绿色生产，如化肥农药减量增效、循环利用农业废弃物等”。

在优化后标准基础上，结合国投创益存量数据及社会效益采集表、央企披露实践以及实际鉴证经验，针对生活富裕各模块设定新的定量化指标，共制定指标 28 项，从消费扶贫、产业带动等丰富维度衡量乡村振兴效果，并对市场发挥表率宣传作用（见表 17）。

表 17　优化后标准及其对应指标情况示例

优化后标准	对应指标
企业生产经营活动直接为乡村地区居民提供收入	员工人数
企业生产经营活动直接为乡村振兴地区居民提供就业岗位	员工收入
企业提升乡村振兴区域居民的职业技能	居民培训人次/人数
企业为当地贫困人口进行慈善捐赠	慈善捐赠金额
企业开展消费扶贫	消费扶贫金额
拓展乡村振兴地区产品流通和销售渠道	企业帮助建设乡村振兴地区销售渠道

国投创益为更好地在宏观上总结分类国投创益的乡村振兴投资成效，在扶贫模式10类带动模式基础上，提出12类乡村振兴带动模式（见表18）。优化后的乡村振兴评价体系可与12类乡村振兴带动模式实现匹配映射，进而实现底层基础与宏观总括的顺利对接。

表18 乡村振兴带动模式

带动模式	详细描述	产生的社会效益	聚焦行业	对应指标示例
金融带动	通过资金投入、贷款等方式支持乡村产业发展	增加资金支持	银行、多元金融	企业涉农贷款余额、企业涉农承保金额
生产带动	为农户提供生产资料或从农户处采购产品	增加农户生产经营性收入	畜禽养殖、农产品加工	收购原材料/产品金额、消费帮扶金额、线上线下渠道建设数量
就业带动	吸纳农村劳动力就业并发放工资	促进就业、增加农户工资性收入	食品加工、电力	员工人数、工资总额、培训人次
资产收益带动	吸纳农村劳动力就业并发放工资	增加农户财产性收入	燃气、工业金属	租金/股份支出金额
技术带动	通过科技创新提升技术和劳动生产水平	提高技术和生产水平	运输服务、航空装备	增强农业科技创新、提高生产生活效率
生态带动	通过资源回收或无害化处理改善当地生态环境	改善生态环境	环保工程及服务	产品/服务有助于改善生态环境、开展的活动有助于改善生态环境
人居带动	通过改善农户生活服务、医疗、消费等方面提升乡村人居水平	增进民生福祉	医疗服务、医疗器械	产品/服务有助于改善人居环境、开展的活动有助于改善人居环境
文化带动	发展乡村教育，提供文化宣传内容和平台	提高农户文化水平	互联网传媒	产品/服务有助于保护传统文化、产品/服务有助于文教水平提升
其他公益性捐赠带动	通过捐赠资金和物资帮扶农户	改善农户生活条件	医疗服务、通信运营	公益捐赠金额

续表

带动模式	详细描述	产生的社会效益	聚焦行业	对应指标示例
税收带动	通过缴纳各项税收提高当地财政收入水平	增加当地税收	电力、旅游	交税金额
基建带动	在项目建设过程中对基础设施进行新建或改造	提高交通、水电、文娱等基础设施建设水平	化学制品、园区开发	基础建设投入金额、基础建设项目个数
产业链带动	带动行业规模扩大、吸引上下游企业集聚	扩大产业规模、优化产业链、撬动社会资本投入	半导体、建材	打造产业链，建设产业集群、开展项目等带动产业链助力乡村振兴

国投创益编制了投资经理操作指南，规范乡村振兴与社会效益指标统一化的使用。

第一步：根据投资企业所属行业特点确定产业链布局模式。

投资经理依据对所投公司的了解，根据公司所属行业、商业模式确定投资企业的产业链布局模式。

第二步：选择对应的乡村振兴带动模式。

根据投资企业产业链布局方式以及乡村振兴贡献特点，确定和选择对应的乡村振兴带动模式，包含“金融带动”“生产带动”“就业带动”“资产收益带动”“技术带动”“生态带动”“人居带动”“文化带动”“其他公益性捐赠带动”“税收带动”“基建带动”“产业链带动”。

第三步：根据带动模型选择相应的指标进行 ESG 自评和数据收集工作。

12 类带动模式与优化后的乡村振兴评价指标体系匹配映射，宏观模式总括可对接底层的评价指标。操作层面，投资经理根据上一步选定的带动模式，选择与之相映射的指标进行数据信息的收集和填报，可实现针对性数据收集（见表 19）。

表 19　社会效益采集表（节选）

一级指标	二级指标/带动模式	三级指标	指标填报	指标口径	资料证据
生活富裕	就业带动	员工就业人数	××人	企业在职员工总人数，包括全职员工和非全职员工	个税申报表
		员工工资总额	××万元	企业为员工支付的薪资总额	个税申报表
	生产带动	当地产品/原材料采购金额	××万元	企业在当地采购产品/原材料用于生产经营的金额	采购发票
	资产收益带动	土地流转支付的租金/股份折合金额	××万元	企业通过出租、入股等方式流转土地经营权，支付给农户或集体的租金或分红，包括租金支出和股份折合金额	土地合同
	其他公益性捐赠带动	公益捐赠金额	××万元	通过具有公益性捐赠资格的政府部门、依法成立的慈善机构及其他公益性机构实施的公益性质捐款总额	公益事业捐赠收据，或捐款证明
		自然年累计在欠发达地区的社会慈善公益支出	××万元	企业提供社会慈善公益支出金额	
乡风文明治理有效	文化带动	企业抽调员工数量	××人	企业为乡村振兴地区发展抽调员工数	企业外派人员名单
		企业担任村集体相关职务人数	××人	企业家担任村集体经济组织负责人等职务和荣誉职务的人数	聘书
		教育/文化活动投入金额	××万元	企业开展教育文化活动的投入资金，活动包括文化产品物资捐赠、为农村文化基础设施建设提供物资、投入物资改善教育资源、建设学校等	资金支出统计报表及相关票据
		干部交流活动次数	××次	企业开展的管理层和乡村振兴地区干部的交流活动次数或参与人次	活动签到表
		干部交流活动参与人数	××人		

二、ESG 数据库

随着当前资本市场的绿色投资意识的提升，建立充分体现我国特色的 ESG 指标体系和 ESG 数据库正当其时，既能服务好中国市场又能推动中国 ESG 的发展。ESG 数据库需要具备独立性、客观性和专业性等特点，涵盖 ESG 评级、ESG 评级报告、ESG 指数和 ESG 研报等功能，提供高质量的数据依据的同时提高企业 ESG 披露水平。

国投创益建立企业 ESG 数据库，实时获取 ESG 投资管理体系现状。公司通过 ESG 尽调，获取评级所需企业的 ESG 数据。通过吸纳所积累的各行业 ESG 数据以及外部公开数据，形成国投创益 ESG 动态可视化数据库，并进行不定期动态更新，打造 ESG+乡村振兴影响力投资管理体系的第二项实施工具。ESG 数据库从项目类型、投资规模、行业统计等多维度对项目进行深层次数据分析，形成清晰的可视化数据，并实时更新 ESG 相关政策文件，从而有助于不断完善投资管理体系。国投创益的 ESG 数据库中已纳入百余个投资项目 ESG 表现，数据量持续增加（见图 48）。

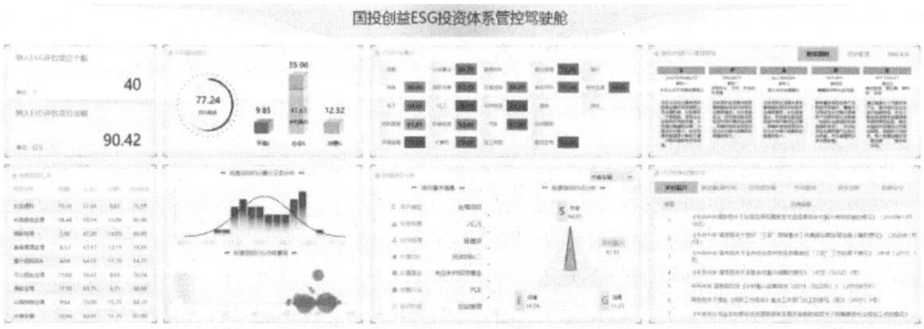

图 48 国投创益 ESG 投资体系管控驾驶舱图示

三、影响力披露

（1）影响力报告

《“ESG+”影响力报告——投资引领乡村振兴》是国投创益发布的第一部关于 ESG+乡村振兴投资影响力报告，展示了国投创益进行乡村振兴探索成效方面的工作进展，回顾了国投创益在开展可持续影响力投资方面的历程，阐述了其为社会带来的超越财务价值的社会影响。它参照 SDGs 进行编制，按照国务院国资委《提高央企控股上市公司质量工作方案》的要求，展现了国投创益对新发展理念的贯彻落实以及对具有中国特色、结合乡村振兴目标要求的 ESG+管理体系的构建过程。

（2）影响力报告发布会

2022 年 7 月 15 日，国投创益举行首部“ESG+”影响力报告发布会，国投集团总会计师、党组成员李汝革，国务院国资委社会责任局副局长柳长森，欠发达地区产业发展基金有限公司董事长董妍，国投集团党群工作部新闻中心副主任谢宝康，国家能源集团公益基金会理事长李文红等领导出席发布会仪式。

发布会上，国投创益总经理王维东表示，国投创益将立足于管理基金自身的特点和优势，在国务院国资委和国投集团的悉心指导下，持续探索产业基金服务乡村振兴的模式，提升基金管理运作能力，优化 ESG+乡村振兴影响力投资管理体系，在全社会树立中央企业服务国家重大民生战略和履行社会责任的品牌形象，为服务乡村全面振兴、推动可持续发展作出更大贡献。

第八章

ESG+融入投资全流程——募资与投资

第一节　资金募集

在募集资金过程中，私募股权投资机构将在履行国家法律法规，严格执行各项制度流程的基础上，增强基于ESG投资理念的投资者调研，在进行基金募集初级阶段以ESG投资理念作为重要的标准，对有限合伙人（LP）进行遴选，剔除不符合ESG投资理念的LP，为投资人和公司长远利益保驾护航。同时，投资机构可以专注于ESG投资赛道，以精准地吸引认同ESG价值的出资人，从而获得更多优质资金来源。投资机构可以通过募集和打造专注于特定主题的旗舰基金，强化投资平台，彰显品牌影响力，比如专注于ESG主题，可以吸引更多的认可ESG价值观的出资人。如政府引导基金，因为由政府财政等出资，可投资金相对充裕，且自带社会责任属性，“取之于民，用之于民”，是完成重大社会任务的重要推手；又如养老基金，由于其长期投资的特征，与ESG理念相对契合。

国投创益作为国投集团管理国家民生类基金的基金管理人，是中央企业服务国家脱贫攻坚和乡村振兴战略的重要载体。进入全面服务乡村振兴阶段，国投创益面向深耕行业的产业资本和实力雄厚的金融机构开展募资，募集资金136亿元。国投创益的募资方式主要有以下特点：

- 募资对象广

2014 年，财政部、中国烟草总公司、国家开发投资集团有限公司共同出资 28 亿元成立了欠发达地区基金（见表 20）。2016 年，按照《中共中央　国务院关于打赢脱贫攻坚战的决定》及其分工落实方案，由国务院国资委牵头、财政部参与，110 家出资单位（其中包括 92 家央企）共同出资成立了央企乡村投资基金（见表 21），经过三次募资和转增资本，规模达 337.43 亿元。

表 20　欠发达地区产业发展基金股东名单

序号	股东名称
1	中华人民共和国财政部
2	中国烟草总公司
3	国家开发投资集团有限公司

表 21　中央企业乡村产业投资基金股东名单

序号	股东名称	序号	股东名称
1	中国核工业集团有限公司	19	中国华电集团有限公司
2	航天投资控股有限公司	20	国家电力投资集团有限公司
3	贵州航天工业有限责任公司	21	中国长江三峡集团有限公司
4	中国航天建设集团有限公司	22	中国国电集团有限公司
5	中国航空工业集团有限公司	23	国家能源集团公益基金会
6	中国船舶工业集团有限公司	24	中国神华能源股份有限公司
7	中国船舶重工集团有限公司	25	中国电信集团有限公司
8	中国兵器工业集团有限公司	26	中国联合网络通信集团有限公司
9	南方工业资产管理有限责任公司	27	中国移动通信集团有限公司
10	中国电子科技集团有限公司	28	中国电子信息产业集团有限公司
11	中国航发资产管理有限公司	29	中国第一汽车集团有限公司
12	中国石油天然气集团有限公司	30	东风汽车集团有限公司
13	中国石油化工集团公司	31	中国一重集团有限公司
14	中国海洋石油集团有限公司	32	中国机械工业集团有限公司
15	国家电网有限公司	33	中国恒天集团有限公司
16	中国南方电网有限责任公司	34	哈尔滨电气集团有限公司
17	中国华能集团有限公司	35	中国东方电气集团有限公司
18	中国大唐集团有限公司	36	鞍钢集团有限公司

续表

序号	股东名称	序号	股东名称
37	中国宝武钢铁集团有限公司	67	有研科技集团有限公司
38	中国铝业集团有限公司	68	北京矿冶科技集团有限公司
39	中国远洋海运集团有限公司	69	中国国际技术智力合作有限公司
40	中国航空资本控股有限责任公司	70	中国建筑科学研究院有限公司
41	中国东方航空集团有限公司	71	中车资本控股有限公司
42	中国南航集团资本控股有限公司	72	中国铁路通信信号集团有限公司
43	中国中化集团有限公司	73	中国铁路工程集团有限公司
44	中粮集团有限公司	74	中国铁道建筑集团有限公司
45	中国五矿集团有限公司	75	中国交通建设集团有限公司
46	中国通用技术（集团）控股有限责任公司	76	中国普天信息产业集团有限公司
47	中国建筑集团有限公司	77	电信科学技术研究院有限公司
48	中国储备粮管理集团有限公司	78	中国农业发展集团有限公司
49	国家开发投资集团有限公司	79	中国林业集团有限公司
50	招商局集团有限公司	80	中国医药集团有限公司
51	华润股份有限公司	81	中国保利集团有限公司
52	中国旅游集团有限公司	82	中国轻工集团有限公司
53	中国商用飞机有限责任公司	83	中国工艺（集团）公司
54	中国节能环保集团有限公司	84	保利国际控股有限公司
55	中国国际工程咨询有限公司	85	保利发展控股集团股份有限公司
56	中国诚通控股集团有限公司	86	保利置业集团有限公司
57	中国中煤能源集团有限公司	87	保利文化集团股份有限公司
58	中国煤炭科工集团有限公司	88	保利久联控股集团有限责任公司
59	机械科学研究总院集团有限公司	89	中国中丝集团有限公司
60	中国中钢集团有限公司	90	中国建设科技有限公司
61	中国钢研科技集团有限公司	91	中国冶金地质总局
62	中国化工集团有限公司	92	中国煤炭地质总局
63	中国化学工程集团有限公司	93	新兴际华集团有限公司
64	中国盐业有限公司	94	中国民航信息集团有限公司
65	中国建材集团有限公司	95	中国航空油料集团有限公司
66	中国有色矿业集团有限公司	96	中国航空器材集团有限公司

续表

序号	股东名称	序号	股东名称
97	中国电力建设集团有限公司	104	华侨城集团有限公司
98	中国能源建设集团有限公司	105	中国天元华创投资有限公司
99	中国黄金集团有限公司	106	中国西电集团有限公司
100	中国广核集团有限公司	107	中国铁路物资集团有限公司
101	中国华录集团有限公司	108	中国国新控股有限责任公司
102	上海诺基亚贝尔股份有限公司	109	中国汽车技术研究中心
103	武汉邮电科学研究院有限公司	110	中国邮政集团公司

- 市场化募资

近年来，围绕种业振兴、“双碳”等国家重大战略部署，国投创益与保险资金、产业资本合作，广泛开展市场化募资，完成多只新基金设立，涉及项目基金、战配基金、并购基金等多种类型。国投创益也希望更多秉承可持续性价值投资、影响力投资理念的私募基金管理人，或有强烈意愿参与服务乡村振兴战略、致力于推动“双碳”目标的社会资本，共同推动国内 ESG 投资的发展，以产业兴旺全面引领乡村振兴。

截至 2022 年底，国投创益受托管理欠发达地区基金、央企乡村投资基金、大同贫困地区产业能源发展基金、安康乡村科技振兴发展基金、厦门创益盛屯新能源产业投资基金、影响力产业基金、影响力种业产业基金等 9 只基金，总募资规模 483.63 亿元（见图 49）。

作为国内管理规模最大的服务于乡村振兴战略的影响力投资机构，国投创益需要向 LP 明确双回报目标，即基金投资的项目需要同时追求财务回报和社会影响的双重指标。国投创益致力于发挥国资背景、专业能力的优势，通过杠杆撬动和滚动投资的方式来增加投资规模。作为国资体系履行社会责任的重要平台，国投创益勇于成为调动社会资源、履行社会责任的生态系统缔造者和引领者。

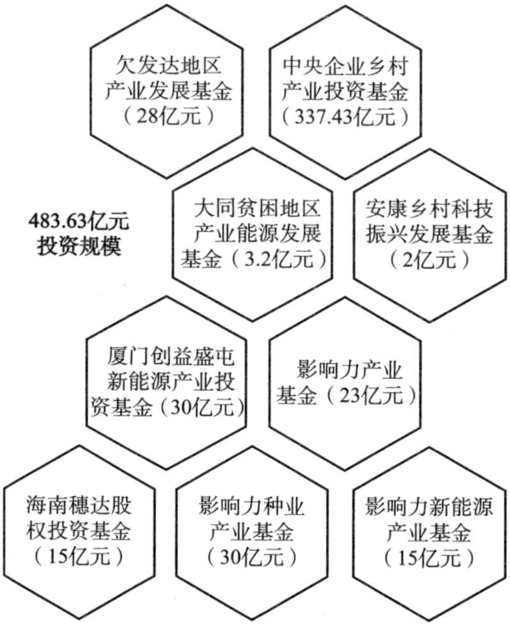

图 49　国投创益募资现状

第二节　投资项目渠道

拥有成熟而广泛的项目来源渠道是私募股权投资活动成功运行的基础，广泛的多渠道获取项目是 PE 投资的重要功课。从不同渠道获取的项目信息的质量也是不同的，因此合理运用不同的渠道并进行筛选对 PE 具有重大意义，如行业研究、中介机构、FA（理财顾问）、政府部门、行业会议与行业组织和管理人自身渠道等。

国投创益作为有国资背景的市场化影响力投资平台，项目主要来自政府部门、集团及成员企业渠道，占比超过 30%；其次通过券商等中介机构渠道获得项目。主要的投资项目渠道及占比如图 50 所示。

2022 年，国投创益坚持稳中求进的总基调，立足经济形势和市场环境，积极应对，合理地安排投资，进一步提高优势领域的聚焦度，投资项目组深度挖掘投资机会，集中于清洁能源、先进制造、现代农业、新能源

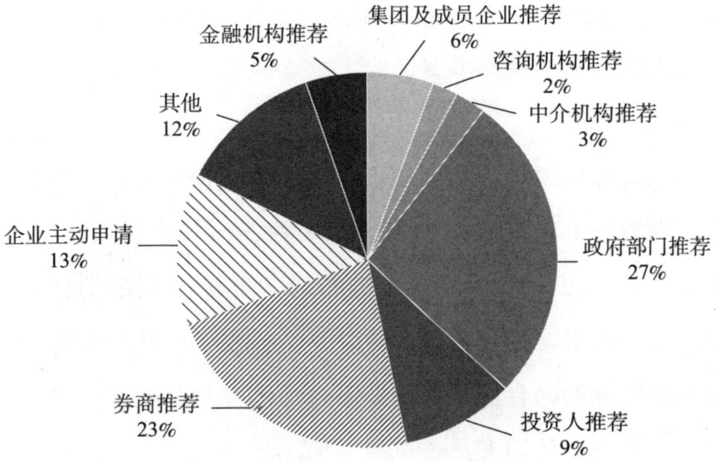

图 50　国投创益投资项目渠道分布

应用和医疗健康五大领域，占比 99%，细分领域更加深入。

第三节　投资决策流程

不同的私募基金的投资决策流程略有差异，但都符合一致的投资原则，基金管理人首先依据不同目标对项目进行筛选，不仅看项目是否符合基金投资标准，也要做深度的行业调研，就项目进行分析，给出合理的估值，制定详细的投资协议。在投资决策流程中，基金管理人可以融入 ESG 要素，在子环节中对投资项目的 ESG 属性进行整体把控，从而降低投资风险，增加投资收益。国投创益投资决策流程如图 51 和图 52 所示。

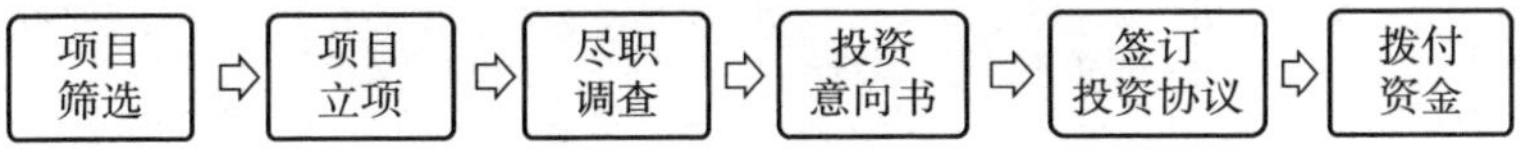

图 51　国投创益投资决策流程

一、项目筛选

在项目筛选阶段，私募股权投资机构可以充分结合价值投资和社会责任投资理念；投资团队根据所关注的细分领域，筛选 ESG 投资的具体行业机会，建立 ESG 投资的知识图谱，挖掘出最具增长潜力的细分赛道，为长期的产业浪潮崛起机会做好准备。

- 书面初审

项目筛选首先需要进行书面初审。国投创益投资团队通过投资项目商业计划书或融资计划了解投资项目，初步筛选出与乡村振兴相关的项目；再根据项目所处的投资领域、产业链布局、乡村振兴带动模式、市场空间、发展阶段、投资金额、地理位置以及组合战略、退出战略和 ESG 等方面与基金投资标准的融合性，筛选掉不合适的项目，对留下的项目进行进一步评估，出具商业计划书。

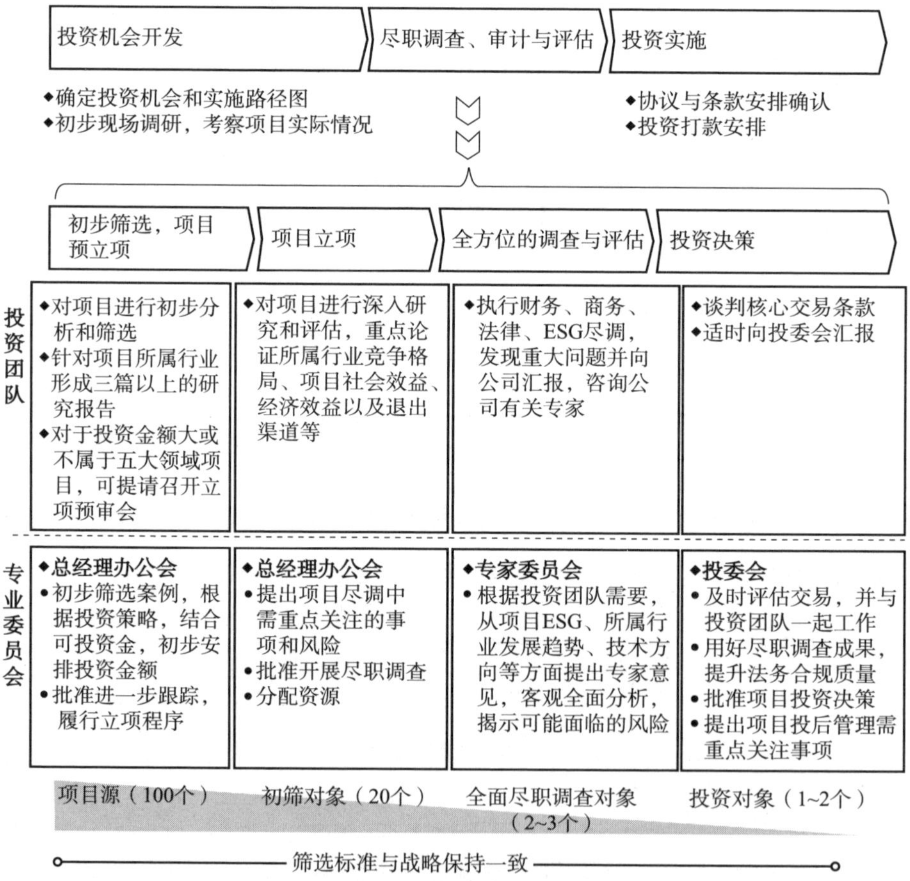

图 52　国投创益投资决策流程具体内容

- ESG 因素筛选

在ESG投资不断演进的过程中，多种ESG投资策略和工具兴起，全球可持续投资联盟（GSIA）发布了7种ESG投资策略，如负面筛选、正面筛选、基于规范的筛选、ESG整合、可持续发展主题投资等。负面筛选作为一种排除存在重大负外部性项目的策略曾是ESG投资应用最为普遍的手段。2018年，采用负面筛选的ESG投资规模达到顶峰，接近20万亿美元。随着影响力管理意识和工具的逐步完善，负面筛选对于力求主动创造影响力的投资者吸引力减退，到2020年，ESG整合策略在资产规模上跃升至第一，突破25万亿美元，成为实施ESG投资政策最广为使用的方法之一。通过一组筛选标准，可基于投资者的偏好、价值观和道德准则，确定特定的投资组合。ESG筛选方式见表22。

表22 ESG筛选方式

负面筛选 避开绩效最差的公司	基于规范的筛选 采用现有框架	正面筛选 纳入绩效最佳的公司
• 排除ESG绩效相对于业内同行较差的经济部门、发行人或证券，或根据特定ESG标准进行排除，如避开特定产品、服务、地区或商业实践	• 按照基于国际规范的商业实践最低标准筛选发行人。适用框架包括：联合国条约、安理会制裁条例、联合国全球契约、联合国世界人权宣言、经济与合作组织指引等	• 投资相对于业内同行具有积极ESG表现的经济部门、发行人或项目
• 坚决避开酒精、烟草、赌博、成人娱乐、军事武器等行业	• 属于负面筛选的一个子类，由于发行人未能遵守国际公认“规范”（如联合国全球契约、京都议定书、联合国世界人权宣言、国际劳工组织标准、联合国反腐败公约、经济与合作组织跨国企业准则等），而将相关公司或政府债券排除在外	• 主动将产品、服务和/或流程具有社会或环境效益的公司纳入可投资范围
• 根据收入敞口或业务活动、运营设置财务重要性阈值（如10%）		• 使用定量ESG指标支持同类最佳公司或同行中采用最佳实践的公司
• 适用于定量ESG指标避开同类最差投资		• 正向主题类发展，如转型、可再生能源或清洁技术公司、社会企业或倡议

资料来源：联合国责任投资原则组织（UN PRI）。

在市场常见项目筛选方法的基础上，国投创益通过ESG+管理体系，结合乡村振兴战略的总要求，从生活富裕、乡风文明、生态宜居、产业兴旺四个指标进行评价，每个指标从“契合程度”和“影响范围”两个维度进行评估。除此之外，为进一步响应国家关于乡村振兴的政策指引，设置附加分指标。相关内容请见第七章第三节。

此外，国投创益采用ESG+管理体系的同时结合投资负面清单，对储备项目进行筛选。为提升投资质量，对清单中禁止类项目原则建议不予投资，限制类项目可以进行研究但须对触发限制内容进行详细解释。按照以上原则，仅留存符合国投创益经济效益与社会效益兼顾的投资原则的项目，后续进行立项并开展研究投资工作。

- 乡村振兴产业链布局筛选

国投创益的投资基于对国家乡村振兴政策的理解，以及对产业基金及乡村振兴投资原则与成效的研究，更多地平衡社会效益与经济效益。在项目筛选时首先针对国家出台的文件及政策进行深入的理解和解读，明确当前投资的目标，确定投资的主要理念及主要投资行业，积极发挥资金的宏观调配作用。在确定投资行业的基础上，研究乡村振兴的投资原则和乡村振兴的投资绩效，首先关注其带来的社会效益；其次对各行业的投资项目进行投资回报分析，研判各个项目的经济效益，在对经济效益及社会效益综合考量之后，确定最终投资项目。

国投创益依靠投资五式判定法（见图53），通过对产业带动、区域、产业、企业和管理层五个方面进行分析判定，对投资项目进行筛选。产业带动分为直接带动和间接带动，其中直接带动分为生产带动、就业带动、资产收益、定点帮扶和扶贫公益捐赠；间接带动分为税收贡献、基础设施投入、生态环境保护、技术进步贡献和行业发展贡献。通过项目对产业的带动作用的不同，投资经理对项目进行评定和筛选。

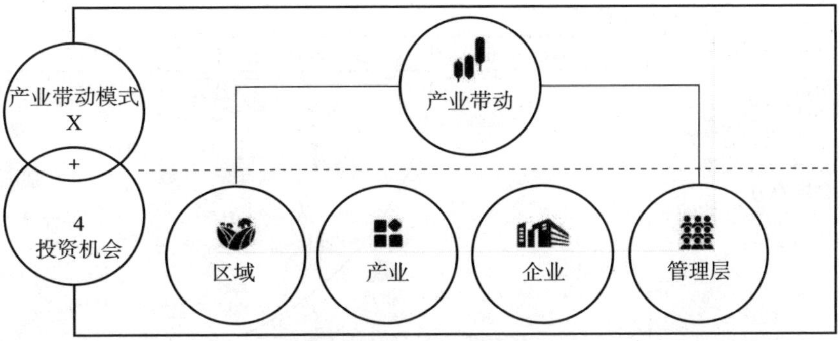

图 53 投资五式判定法

国投创益在投资区域的选择中，为将欠发达地区的资源禀赋转变为产业发展动力，按地区对不同的行业进行匹配，梳理投资行业，如青海的清洁能源、矿产和旅游，宁夏的养殖业，甘肃的特色种植业、养殖业和药材等。通过分析行业相关的宏观政策，重点选择符合国家政策、地方产业规划、有优惠政策支持的行业；禁止投资去产能、国家政策严格限制或需求萎缩、供大于求、产能过剩的行业；尽量选择市场规模大、增长速度快的行业；投向拥有较高进入壁垒“护城河”，且其他企业较难复制的行业。对依靠龙头企业产业链整合，企业投资收益率低的行业谨慎处理。通过对每个地区优势产业的发掘，国投创益采用产业投资地图进行判定，确保投资产业可以最大限度地发挥欠发达地区的资源优势（见图 54）。

在对产业进行筛选时，国投创益首先依据宏观政策、行业规模、进入壁垒等因素进行自上而下的投资分析。其次从投资价值和投资可行性维度将行业进行划分见图 54；在投资价值的考量上，综合考虑行业的经济效益和社会影响力；在投资可行性的探究中，则需要综合考虑该行业的投资风险、行业相关政策限制，以及能力是否匹配。最后从产业链角度对处于同一产业链上的各行业进行梳理，总结出了一系列产业链投资方式。如现代农业投资微笑曲线见图 55。

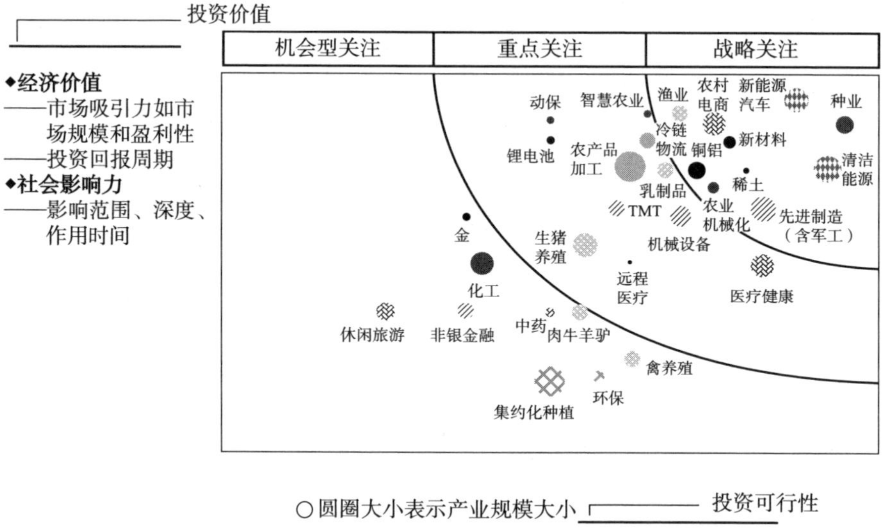

图 54　两维度产业筛选图

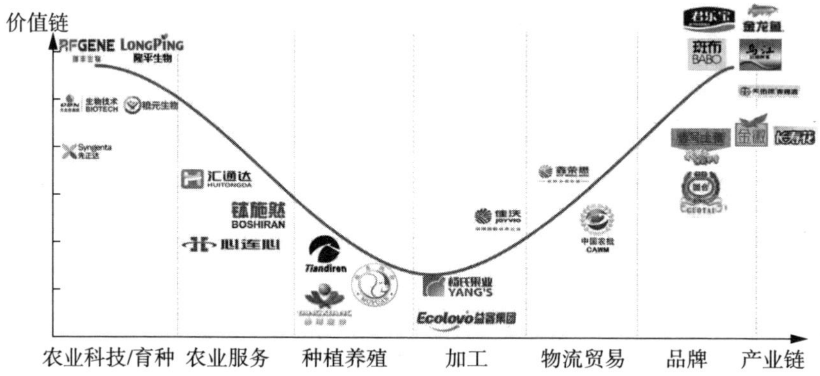

图 55　现代农业投资微笑曲线

- 现场调研

书面初审较为合适的项目，则可以对企业进行进一步的现场调研，主要考察企业的现实生产经营、运作模式等状况，主要目的是印证企业提供的书面信息的可靠性，同时使国投创益投资团队对被投资企业的管理、经营状况形成初步的印象。当投资团队的市场调研显示目标公司所在的行业具有良好的成长预期时，团队就会深入调查目标公司的经营状况。国投创益现场调研的主要目标有：

（1）对项目的乡村振兴模式和贡献进行初步分析；

（2）增进对行业的了解，对企业未来的发展战略、市场定位重新评价；

（3）与目标公司的管理层近距离接触，观察管理层的个人、价值观、经营理念、经验与能力，通过沟通建立相互之间的了解与信任，以及就投资额与股权比例等事宜交换意见；

（4）证实目标公司在商业计划书中所陈述的企业经营信息的真实性；

（5）发现目标公司目前运营过程中的主要问题，包括技术层面的问题，如不满足乡村振兴和ESG相关标准要求、设备落后、流程不合理等，也包括税务、法律、产权关系等方面的问题。

人物故事

用专业突破“天花板”——何钢

何钢是国投创益的明星经理人，他说自己和大部分国投创益的经理人没什么区别，“我发现国投创益的经理人都有一种共同的气质，虽然各自的经历和年龄不尽相同，但谈起手里的产业扶贫项目时都是精神抖擞，朝气蓬勃”。

在加入国投创益之前，何钢在一家医疗公司负责战略投资，有着丰富的项目投资合作经验，招聘时人力主管特别看好何钢的过往工作经验，认为他能够无缝对接产业扶贫投资项目。事实印证了当初人力主管的看法，何钢加入后凭借丰富的财务管理知识和投资经验，立刻就上手了项目的前期调研、谈判合作等事宜。

何钢自入职国投创益就一直扎根产业扶贫和乡村振兴工作，开展乡村调研阶段，每到一地，就和当地政府人员及企业领导交谈，他们总会问：“我们这里有很多低保户，企业亟须注入资金，你们为什么不痛痛快快地投资呢？”太多的人不理解产业扶贫和乡村振兴的概念，以为这些项目的目的就是扶贫，甚至与慈善捐赠混为一谈。

何钢总是不厌其烦地向大家普及，他温和而坚定地说：“改变人们的固有观念和思维模式原本就是一件困难的事情，除了普及概念外，我也经常用案例说明的方式给他们讲解，既生动又容易产生亲近感。”

解决“天花板”限制

何钢在原国家级贫困县深入调研时，三年下来感触颇深。根据调查结果，贫困县生长起来的企业大多有可见的“天花板”限制，缺乏现代化企业管理手段，财务管理流程不规范、信息流转不畅、渠道拓展能力较弱。何钢坦言：“我们在当地找过一些小企业，投钱进去，发现后期不能持续，这类企业自身竞争力也弱。”

真正扭转贫困地区的关键在于增强贫困地区的“造血”功能和内生动力，而发展贫困地区的特色优势产业就是最好的方式。但想用基金投资贫困地区的企业，就必须打破这些企业自身的“天花板”限制，这不是一朝一夕之事。

国投创益经过深入分析和反复研究，最终确定了“借船出海”的投资方式，即引导央企国企、大型民营龙头企业到贫困地区投资，借助其雄厚的实力和规范的运作管理模式发展贫困地区产业。

现在，随着国投创益的帮扶，贫困县的发展有了更多可能。何钢和同事们一方面极力在贫困地区寻找经济效益和扶贫效益兼顾的当地企业，另一方面又为贫困地区引入了不少龙头企业，盘活了诸多贫困县的经济发展，扶贫效果自然也随之而来。

“这种模式对我们的资金安全也是比较有利的，能够保障资金到期后的安全退出，从而进行滚动投资，扩大基金的扶贫效果。”何钢补充道。

打造“样板式”明星项目

牧原食品股份有限公司（以下简称牧原股份）就是何钢经手的一个典型案例。牧原股份是集约化养殖规模居全国前列的大型农业产业化国家重点龙头企业，形成了一条集科研、饲料加工、生猪育种、种猪繁育、商品猪饲养等多个环节于一体的完整生猪产业链，是一家非常适合引入贫困地区的龙头企业。经过多轮会谈和反复的实地调研，2018 年，国投创益与牧原股份正式签署了投资协议，旨在围绕生猪养殖等适合贫困地区资源条件、有利于贫困地区经济发展的行业进行战略合作，促进贫困地区产业发展，帮助贫困地区早日脱贫。

在与国投创益的合作探讨和支持下，牧原股份开创了“5+”扶贫新模式，即“政府+银行+龙头企业+合作社+贫困户”：贫困户通过获取金融资源，与优势企业合作形成资产，同时企业和政府的增信形成有效风险隔离，最终使贫困户稳定分享优势企业成长的红利。“5+”模式已推广至黑龙江林甸、安徽颍上等 12 省 49 县（区），精准发力带动超过 15 万户建档立卡贫困户逐步实现脱贫。

此外，牧原股份通过在各地建设生猪养殖场，累计带动贫困县用工 4 万余名，年人均收入 4 万元左右，真正做到了“一人就业，全家脱贫”，并对于有意愿进入公司工作的贫困户家庭大学毕业生，开启免面试绿色通道，优先安排就业。何钢认为这才是彻底脱贫的有效途径。

2020 年是国家脱贫攻坚的关键一年，何钢对未来充满信心，他的底气来源于产业扶贫可持续的逻辑，也来源于国投创益人的专业，“我们寻找出了一套行之有效的应对方案，既能够保证产生足够的产业扶贫社会效益，还能够产出可循环、可再生的经济效益，这在国投创益的许多项目中已经得到印证”。

二、项目立项

对目标公司的初步筛选完成后，如果需要进一步推进对项目的投资流程，根据股权投资基金管理人一般工作程序，通常需要经过项目立项程序。国投创益在立项准备中会对项目的乡村振兴模式和贡献初步分析，在立项过程中会对项目进行深入研究和评估，重点论证所属行业竞争格局、经济效益以及退出渠道等，明确资金流向及产生的经济效益，此外，还会将项目的社会效益纳入考量。待投资团队立项工作结束后，总经理办公室会提出项目尽调中需重点关注的事项和风险，同时批准开展尽职调查和分配资源。

三、尽职调查

为解决投资环节中存在的信息不对称问题，需要进行尽职调查，其目的是在投资人与目标企业达成初步合作意向后，对本次投资有关的事项进行现场调查、资料分析；尽可能地消除信息不对称带来的劣势，为基金管理者做好投资决策提供依据。

尽职调查主要有三方面的目的，分别是价值发现、风险发现和投资可行性研究。

价值发现：买方和卖方对企业的估值通常是不一样的，企业采取多种办法进行估值，如倍数法、现金流贴现法（DCF）等。估值可以帮助投资团队确定企业收购价格，通过尽职调查，不仅可以验证过去财务业绩的真实性，更可以在预测企业未来的业务和财务数据的过程中产生作用，在此基础上进行估值。此外，尽职调查也会涵盖企业因素以外的内容，如行业、资本市场、宏观经济等因素，均会对企业的估值带来影响。

风险发现：尽职调查也可以发现潜在的投资风险并评估其对投资项目的影响。私募股权投资的风险容忍程度要高于普通的证券投资。基金管理人需要通过尽职调查的方式，充分收集信息，并评估风险触发的可能性以及是否值得承担。

投资可行性研究：尽职调查有助于交易各方了解投资的可操作性并帮助各方确定交易时间表。尽职调查过程中，会详尽地列出相关的文件清单和审批的手续及预计审批的时间。提前开展尽职调查，排除投资不能完成的风险。

国投创益项目投资团队制定了“54321”的商业尽调理念，更多地融入被投企业，进行深度了解，如图 56 所示。

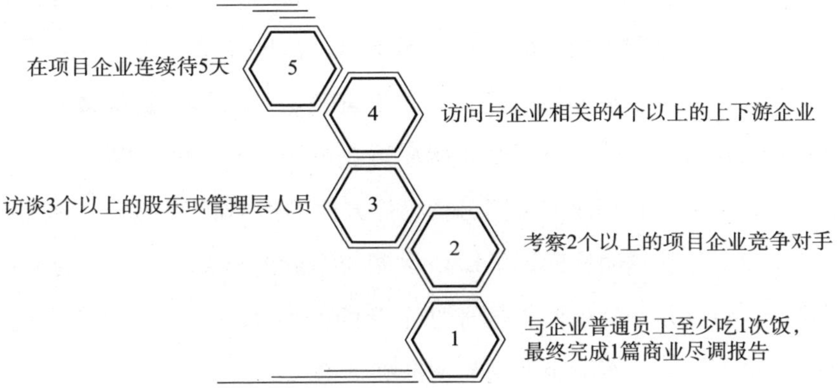

图 56　国投创益“54321”商业尽调理念

针对被投企业，为深入了解企业上下游产业链、企业运营模式、企业文化等，需要在项目企业连续待 5 天，访问与企业相关的 4 个以上的上下游企业，访谈 3 个以上的股东或管理层人员，考察 2 个以上的项目企业竞争对手，与企业普通员工至少吃 1 次饭，最终完成 1 篇商业尽调报告。

在项目尽调过程中，除财务尽调和法律尽调外，需要把项目是否遵循 ESG 发展理念作为筛选的重要标准，只有提前“排雷”，才能避免随着项目进展出现潜在的政策系统性风险。法律尽调则主要确认企业是否依法设立、历史沿革、公司治理结构、经营等方面的合法合规性，避免历史问题遗留瑕疵演变成现实或未来的法律风险。财务尽调的主要目的是揭示企业的财务风险或危机，分析企业的盈利能力、现金流等从而预测企业未来前景。而 ESG 尽调侧重于对目标公司的 ESG 风险，尤其是 ESG 风险管控能力的评估，属于专项法律产品。ESG 尽调流程如图 57 所示。

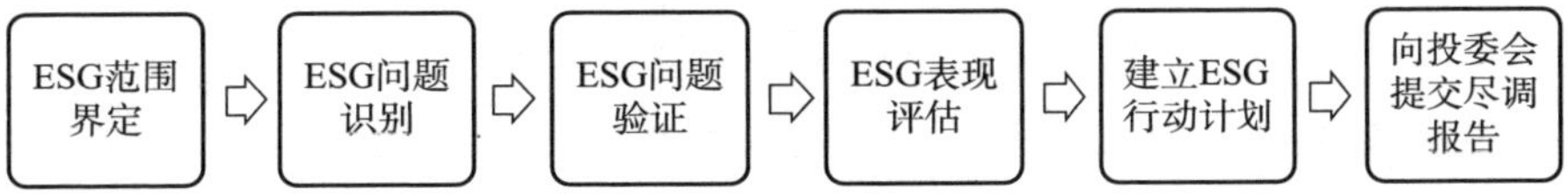

图 57　ESG 尽调流程

投前ESG尽调是国投创益纳入ESG考量的实践。企业的财务报表很难直接体现环境、健康、安全及其他可持续性方面的真实成本和价值，潜在影响包括合规风险和责任、监管和处罚支出、治理和整改成本、运营提升机会等。通过充分了解相关法律法规和政策要求，以及行业发展报告、媒体资料的收集研究，分析目标企业所在行业市场、所在地区以及企业的基本情况，研判和识别企业的关键可持续性方面ESG风险与机遇，解决投资过程的信息对称和透明度问题。ESG尽调与企业的财务、法律、商业尽调同期进行，目标是准确地调查与评估企业的ESG风险与可能产生的财务、法律以及商业结果，影响企业交易的准确估值。

与气候有关的风险以及其他新兴风险也可能会对财务产生潜在影响，进而对企业估值造成直接影响，其中包括商誉减值、资产使用年限变化、资产公允价值变动、罚款和处罚造成的或有债务的变化等。国投创益在使用市场法对企业估值时，考虑到ESG因素，需要确定并评估可比企业和所在行业的相关ESG标准，根据标准评估目标企业的业绩；在估值过程中，某些ESG因素已经被纳入了考虑，进而会影响公司估值。

此外，投资经理还会使用DCF估值作为他们自己的股权估值工作的方法之一，将目标公司产品或服务的可持续性假设作为公司最终价值的调整，通过这种方式，投资经理可以假设目标公司具有可持续性，或者缺乏可持续性，这会影响公司的最终价值。

国投创益自主开展或通过聘请国际ESG服务领先的第三方专业机构，对立项企业的ESG现状开展实地考察和评估等尽职调查工作，获取ESG指标体系所涵盖的相关数据并形成ESG尽调报告，为国投创益投资决策提供依据和建议，综合识别评估立项企业的风险和机遇。

国投创益的ESG尽调工作将在有评估对象后及时开展（评估对象为所有的候选被投企业），一般与法律尽调、财务尽调、商业尽调同期进行。尽调团队会在一个月之内完成基金拟投企业ESG尽调、撰写基金拟投企业

ESG尽调报告等工作。专家委员会则会根据投资团队的需要，从项目ESG、所属行业发展趋势、技术方向等方面提供专家意见，全面客观分析，揭示可能面临的风险。ESG尽调工作流程见表23。

表23　ESG尽调工作流程

前期准备	• 尽调团队根据总体规程要求，制订项目具体的工作计划与实施方案、尽职调查内容清单，确定调查范围和细分程度 • 组织开展人员培训、查阅相关资料及与外部权威专家进行交流访谈 • ESG数据库搜索整理
调研	• 尽调团队对申请基金投资的企业开展现场或远程访谈调研 • 按照已形成的行动方案对企业ESG现状进行评估，获取ESG指标体系所涉及的相关数据 • 分析企业在环境、社会和公司治理方面所面临的主要风险和机遇
后期分析与撰写报告	• 尽调团队根据调查获悉的资料及信息，进行全面分析，完成并提交拟投企业ESG尽调报告 • 完成后根据领导的反馈意见进行修改、核查、完善报告或者补充尽调

尽职调查中使用的国投创益ESG评价采用ESG指标体系评估，分为环境、社会、治理三个维度，共涉及二级指标11项、三级指标25项。其中，环境指标项下设指标主要突出企业在改善人居环境、强化资源保护与节约利用、加强生态保护与修复、助力实现碳达峰碳中和方面的贡献程度；社会指标项下设指标主要突出企业在提升劳动力就业质量、提高收入水平、增加公共服务供给、完善基础设施建设、产业发展壮大等方面做出的成就；治理指标项下设指标主要突出企业在战略管理、公司治理、风控合规、公司行为方面的情况。此外，为了衡量在乡村振兴方面的贡献，从而更好地筛选符合核心目标领域的投资项目，将评估指标依据与乡村振兴战略的关联程度分为“乡村振兴关联指标”与“基础ESG指标”。其中“乡村振兴关联指标”从“产业兴旺、生态宜居、乡风文明、治理有效、生活富裕”的乡村振兴战略要求维度进行考量，选取了适用于全行业的评估指标，并从与乡村振兴战略的契合程度及影响范围两个维度进行评估，具体指标体系和计算方法详见第七章第三节。

四、投资意向书

投资意向书是表达投资意向和合作条件的备忘录，包括投资涉及的核心商业条款、资金安排、投资保护、管理控制与激励、相关费用的承担方式和排他性条款等。

国投创益投资团队在尽职调查期间收集到的关键 ESG 调查结果，会作为 ESG 总结纳入投资备忘录，以确保投资委员会了解 ESG 事项，即使没有发现 ESG 风险，仍需要在投资备忘录中作为一个单独章节进行列示，以表明对 ESG 事项的重视。ESG 总结通常包含多重信息，如对交易对象的 ESG 实质风险评级和理由、尽调过程的简要总结和必要流程、尽调结果、关键 ESG 因素与预期的差距、行动计划和 ESG 监控方案等。该阶段需要收集大部分信息以满足投资决策信息需求，对少部分投资决策阶段无法收集的材料，需要对被投企业提出明确要求，并获得后续材料补充保证，根据国投创益内部规范，需要对定量指标数据进行填报，同时收集证据文件。投资决策中的 ESG 总结如图 58 所示。

图 58　投资决策中的 ESG 总结

五、签订投资协议、拨付资金

国投创益投资决策委员会审查通过的投资项目，由投融资双方对投资协议条款进行谈判，最终签署投资协议，对双方的权利义务关系进行约定。私募股权投资面临信息不对称、高风险和不确定性等挑战，但投资者往往在子基金或被投公司中持有大量的股份，因此有机会通过基金条款直接影响这些机构，以便在投资后通过掌控所有权等方式影响普通合伙人和被投公司在 ESG 方面的活动。投资协议通过一系列具体条款确认股权投资的具体方案，明确对目标公司的控制权分配和利益分配等事项。将 ESG 内容纳入投资协议，明确 ESG 表现的目标，在相应条款中进行约束，建立 ESG 监督程序、突发响应机制和补偿退出的条款；待双方就合同条款协商一致后，将按约定方式拨付资金。

国投创益为保证投资资金能够真正用在正确的地方，保障社会效益和经济效益，往往会在投资协议中明确约定，具体如下：

- 投资协议中进行约定的社会效益指标

投资协议中，主要以投资前一完整年度实际完成数据为基准，对基金投资期间的就业人数（争取为建档立卡户就业人数）、提供工资收入（新就业员工的工资收入或已就业员工的工资收入等）、贡献税收（争取为在贫困地区贡献税收）等指标进行明确约定。上述指标的计算口径可以为投资期间年度数据增加额之和或投资后任意年度较基准年度的增加额。

- 投资协议中对个别投资项目进行约定的社会效益指标

若投资企业扶贫模式较为新颖或间接扶贫效果较为显著，可根据企业实际，在投资协议中对企业带动社会资本、乡村振兴公益投入、区域带动发展（环保投入，水电路气、通信等基础设施建设投入，原材料的采购，物流运输，包装设计，仓储，产品加工，销售服务）等方面的社会效益指标进行约定。

例如在金徽酒股份有限公司非公开发行股票项目中，国投创益通过函件和金徽酒股份有限公司明确书面约定募集资金用途和项目建设地点，严格限定于秦巴山区连片贫困地区，为教育扶贫、产业扶贫工作作出贡献并定期向国投创益报告乡村振兴工作开展情况。此做法经常出现在国投创益的业务流程中，作为被投项目社会效益的保证手段。

第九章

ESG+融入投资全流程——投后管理

在投资完成与退出之间，私募股权投资公司仍需要持续关注被投企业的经营表现等。由于被投企业在运营发展中会受到诸多因素的影响，增加投资项目的不确定性，而将 ESG 要素融入传统的投后管理流程体系之中，明确投后管理目标、管理模式、管理重点及保障体系，将充分挖掘被投企业的长期价值，提升投后管理的水平和效率，进一步降低投资项目的风险，增加投资收益，实现互利共赢。国投创益投后管理整体框架如图 59 所示。

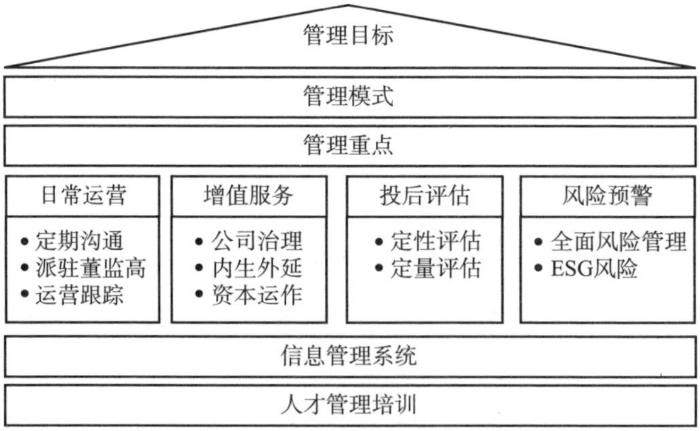

图 59　国投创益投后管理整体框架

国投创益已搭建了完善的投后管理组织架构，形成主线清晰、目标明确、理念鲜明、指引落地的“1231”投后管理体系，并将ESG理念融入其中，依据项目定位与投资决策，管控以风险为导向，服务以价值为驱动，结合项目特点进行适度管控和精准赋能，有效监控投后风险，促进基金的投资安全与保值增值。

第一节　投后管理目标

开展投后管理工作，对于国投创益而言，主要是降低投资风险、促进被投项目快速发展，实现预期的社会效益，及时退出获取经济收益，进而实现品牌价值的提升，而ESG则是实现投后管理目标的重要抓手。在投后企业管理赋能中，国投创益将聚焦乡村振兴模式，改善所投企业的公司治理结构，督促所投企业遵守国家有关法律，依法纳税，保障劳动者的合法权益，建立严格的反商业贿赂制度，公平参与市场竞争，保护环境，制定完善的碳排放政策，促进产业升级和产业结构调整，具体来看有以下几方面的目标：

• 数据评估，提升社会效益：在投后环节，国投创益定期收集社会效益数据和企业年度ESG数据，数据经过专家评估和第三方鉴证，以保证数据质量，通过收集的数据，推进并监督社会效益提升。

• 风险响应，保障资金安全：投后管理的风险控制能力直接决定了被投企业的发展预期，国投创益通过定期沟通尽可能地了解被投企业的经营和战略变化情况，协助被投企业建立和遵守ESG相关政策制度，评估ESG风险管理水平，及时跟踪ESG新兴机遇与风险，降低双方信息的不对称性，规避或降低投资风险，减少不利影响、保障投资资金的安全。

• 降本增效，实现资产增值：资本效益最大化是股权投资机构的主要目的，私募股权投资公司通过资源整合、协助管理等方式帮助被投企业完善经营战略和管理；国投创益基于投资阶段识别的乡村振兴模式，积极推动实施，通过识别可持续新产品线等方式增加企业收入，通过关注环境状况等降低潜在负债，通过提高工作效率和资源利用率等降低运营成本，从而推动被投企业做大做强，促进所投资产的增值，实现投资效益的最大化。

• 预警跟踪，捕捉退出时机：国投创益通过投后管理及时掌握被投企业的实际运营情况，监控和响应被投企业的风险事件，结合自身对被投行业、区域、市场的了解，评估企业实际发展状况和投资预期，拟定或者修正投资退出的时机和渠道。

• 品牌塑造，提升竞争优势：国投创益通过向被投企业提供资源、管理等增值服务帮助企业实现良好运营，吸引和留住人才，提升被投企业价值，从而提高投资机构的投资回报率，进一步提升投资机构市场影响力，同时有利于投资机构后续项目的开展，实现品牌价值的提升。

为了更好地落实投后管理的目标，国投创益形成了差异化与标准化相结合的管理策略。针对投后管理管控和服务难点，国投创益建立了标准化的管理解决思路，从管控监督和增值赋能两个层面推动事项标准化，针对各个管理事项建立标准化流程，构建标准化的工具手段，统一投后项目的分类规则，实现框架思路与管理语言的统一，便于管理方案的落实，为后续差异化管控赋能奠定基础。针对项目类型、企业发展阶段、投后管理阶段的不同，国投创益形成了差异化管控重点与服务需求的管理策略，从而实现资源的合理配置和风险精准防范，有效降低管理成本。此外，在明确投后管理的内容、工作机制、目标效果的基础上，国投创益形成了“管控+服务”的管理指引，通过落实管理事项及标准要求，树立标准化、差异化和数字化理念。国投创益投后管理事项见表24。

表 24 国投创益投后管理事项

分类	管理事项	主要内容
管控	投管计划	根据项目实际情况和项目管理要求制订项目年度投后管理计划，从“计划制订、过程执行、季度复核、整改总结”四大维度切实履行项目投后管理工作，提升对被投项目管控与赋能的效率与效果
	交割后应尽事宜	对交割后应尽事宜进行清单化、流程化管理，及时跟进，及时处理，借助信息化手段强化落地执行，形成交割后应尽事宜记录、履行、复核的闭环处理机制
	三会管理/决策会议参与	通过公司治理参与关键事项的决策是投后管理的重要手段，主要包括：以风险为导向，明确关键管理事项；以风险为导向，明确关键管理事项；明确三会管理要求，并监督其落实情况；通过信息化进行提醒与监督等内容
	项目季度投后管理报告	丰富运营项目季度运营分析模板，完善分析内容，指导投资团队开展分析工作，同时统筹部门牵头对运营分析结果进行复核，从专业角度提出风险判断及投后管理的进一步建议
	项目交接	项目交接包括投前至投后的流程性交接以及不同团队人员之间的管理权限变更性交接，明确项目交接管理机制，细化项目交接系统承载方案，保障项目管理的连续性
	项目履约跟踪	建立完善的项目履约跟踪机制，定期跟进复核条款履约情况，分析、评估与应对企业未履约情况，并对权益落实情况进行持续跟踪
	资金监管	在完成项目投资后，通过前置约定、使用监控、分类监督的方式建立有效的项目资金监管机制
	估值管理	通过定期开展项目估值工作，准确判断项目价值实现情况，为项目收益计算、项目退出管理等提供基础信息
	社会效益与ESG评估	通过对被投企业开展社会效益与ESG评估工作，分析判断投资项目的社会效益达成情况及在促进经济可持续发展和履行社会责任方面的贡献情况，为项目后续管理工作提供指导
	风险管理评级	根据项目性质，选取相应的风险管理评级指标及时开展风险评估工作，并制定有效的应对措施，保证所有发现的风险都能及时、有效地化解
	重大事项管理	建立重大突发事项应对机制，对被投项目在财务、股权结构、管理层等方面出现的重大事件及紧急事件进行及时处置，避免因处置不及时而造成基金权益的重大损失
	投后检查	通过开展项目评价与检查工作，帮助基金更直观、全面地了解被投企业真实经营情况、投资资金使用情况、前序问题整改情况等，及时发现风险并进行应对，保障基金权益
	项目退出规划	项目退出规划旨在通过主动研判把握项目退出机会，拓展项目退出渠道，合理规划项目退出进度，实现资金高效回笼，满足经济效益预期
	项目后评价	通过项目后评价工作对项目投前决策、投后管理及退出管理进行全面回顾评价，总结得失经验，为项目后续管理及投资工作提供启示
	投后档案归集	完善项目归档要求，形成归档检查清单，确保在项目完全退出后，所有相关档案全部及时归档，在保护公司投资信息的同时，满足信息化规范线上归档要求，方便各方进行项目信息溯源查询

续表

分类	管理事项	主要内容
服务	资源对接	为被投企业提供业务、管理等方面的资源对接，如融资、产业、人力、公关、政府等资源
	培训辅导	为被投企业提供业务、管理等方面的培训辅导，如战略规划指导、企业上市辅导、数字化路径设计、企业全面风险管理辅导、企业文化建设指导等

第二节 投后管理模式

目前市场上主流的投后管理模式主要包括投前投后一体化、专业化投后管理、投前投后相结合和外部专业化投后四种方式，不同的投后管理模式适用于不同的投资机构及发展阶段，有其自身的优劣势。见表 25。

表 25 不同投后管理方式优劣势

对比内容	投前投后一体化	专业化投后管理	投前投后相结合	外部专业化投后
特点	投资经理兼顾投后管理工作	投后管理团队负责	整合公司投前投后资源	外部机构利用人才专业优势开展工作
专业度	25%	75%	75%	100%
收费模式	免费	免费	免费	收费
在管项目数量	少	多	多	多
可提供的投后服务	风险控制和日常运营监督，可提供的增值服务较少	风险控制和日常运营监督，根据企业情况提供必要的增值服务	风险控制和日常运营监督，根据企业情况提供必要的增值服务	风险控制和日常运营监督，提供多元化的增值服务，主动创造价值
优势	项目熟悉度高，与投资团队绩效挂钩	专业度强	投前、投后分配均衡，相互独立、相互配合	提供全面专业化服务
劣势	专业度弱；管理浮于表面	前期项目了解时间成本高，较难衡量绩效	团队权责不明确，效率较低	成本高
应用范围	适用于投资项目数较少的投资机构	适用于投资项目数较多的中大型投资机构	适用于中型投资机构	未来逐步成为主流管理模式，适用于大型的投资机构

投资机构依据自身业务特点及管理团队结构选择合适的投后管理模式。对于影响力投资机构而言，则需充分考虑项目全流程管理的连续性，在传统投后管理重点基础上综合评估ESG、经济社会效益等要素，合适的投后管理模式将实现对被投项目的针对性、统一性管理。

国投创益以“统一目标、统一原则、统一理念”为基础，构建投前投后一体化的管理主线。打通投资前端到后端的流程，形成从尽调到处置一体化的管理模式，确保投前投后管理一致性，实现管理目标从投前到投后的有效传递、投后反哺投前的精细化管理。在设计投后管理重点关注内容时，结合投前方案和尽调报告中的要点内容，保证在投后管理过程中及时贯彻和跟踪投前目标要求。同时针对ESG目标、风险、经济效益等指标，在投后管理阶段开展再次评估，根据评估结果进行纠偏和预警。此外，在投后管理过程中及时进行项目复盘，关注项目结果是否达到投前预期，并总结投资得失的经验教训，进一步补充完善投前对项目的尽调要求和筛选标准，尽可能降低投资风险，优化投资策略、手段和工具。

第三节　投后管理重点

私募股权投资公司的投后管理主要是对被投企业进行日常项目监控及为其提供增值服务，国投创益依据自身优势，在提供日常运营管理工作的基础上，从多个方面入手，为企业提供增值服务。

一、日常运营管理

国投创益对被投企业的运营情况和所存在的风险进行监控和评估，一方面有利于了解被投企业经营运作和重大管理决策的情况，监督企业根据自身情况做出相应的决策；另一方面可根据被投企业的不同情况及时采取相应的措施，保护国投创益自身的权益，保障资金安全。投后管理团队日常运营监控和评估的主要方式有以下几种。

（一）建立定期沟通机制，关注被投企业财务及 ESG 状况

建立开放、可信赖的合作沟通机制是实现持续管理的基础。国投创益与被投企业保持日常联络和沟通工作，通过实地考察、线上沟通、专家再访谈等方式了解被投企业的业务发展、财务情况、ESG 进展等相关信息，对被投企业进行财务分析监控，针对被投企业运营出现的重大变化及时采取相应措施，同时提供针对性的辅导。

此外，引入投资者会对被投企业 ESG 等治理体制造成一定的影响；因此，国投创益在投资阶段建立合作的基础上与被投企业管理层持续沟通，明确 ESG 相关承诺、后续沟通机制、未来行动计划等细节要求，保障后续 ESG 举措的有效落实。

（二）派驻董监高代表，参与被投企业经营及战略决策

为了降低投资公司的委托代理风险，国投创益通常采用委派董监高代表的形式，参加被投企业的董事会、监事会和股东大会，跟踪了解企业 ESG 行动计划与绩效，参与相关议案的审议和表决，及时获悉被投企业的经营和战略管理情况。

（三）跟踪协议执行情况，确保资金使用规范

国投创益会定期核实投资协议条款的具体执行情况，关注资金的实际用途是否符合规范及协议要求，避免资金的不合理使用，降低投资项目的风险。同时，投资公司需持续对 ESG 相关问题和举措进行跟踪、记录和管理，通过督促被投企业开展相应改进措施，逐步减少运营风险，实现被投企业长期价值。

• 政策：关注政府政策及所处行业的外部环境变化情况，检查被投企业对 ESG 相关法律法规政策及基金 ESG 制度的履行情况，跟踪其 ESG 管理体系的建立情况，完善企业 ESG 制度与管理框架。

• 行动：建立定期审查机制，评估被投企业 ESG 绩效和行动计划的执行

情况，关注企业对利益相关方的履责情况；鼓励被投企业增强信息透明度，定期披露 ESG 报告，总结汇报企业 ESG 信息和数据。

• 改进：对于被投企业出现的不足及时提出整改建议或方案，确保执行 ESG 改善行动计划，同时跟进企业改进效果。

国投创益对被投企业建立了完善的投后跟踪体系，进行电话沟通、实地走访、行业专家再访谈等日常联络和沟通工作，积极跟踪协议条款执行情况，并对企业需履行的投后义务进行重点核查。国投创益定期会对乡村振兴效果进行闭环管理，同时积极参与被投企业的三会治理，通过获取定期报告关注被投企业经营状况。在会计师的帮助下定期对企业银行日记账、对账单进行审核，对财务材料进行查阅，通过启信宝等工具对被投公司进行监控；通过“红绿灯系统”对企业情况逐项检查，当企业生产技术或企业所处行业发生变化或政策等发生外部变化时，及时与企业沟通解决办法。

二、增值赋能服务

增值服务能力可直接反映私募股权投资公司的投后管理水平和综合能力水平。国投创益为被投企业提供增值服务的目标是协助被投企业完善治理体系，进行规范管理，拓展业务，助力做大做强，并协助进行再融资及资本运作等，不断提升被投企业的综合价值。整体而言，增值服务主要有三大核心内容，其中包括八大具体增值服务。

（一）公司治理：协助战略规划及内部管理，提升被投企业治理水平和运行效率

投后管理期间，私募股权投资公司可通过提高被投企业的治理水平、改善企业管理方式，从而提升投资价值。投资公司协助被投企业研究公司所处的外部环境和市场需求，结合企业自身的资源和能力，制定适合的战略规划目标和实施路径；协助被投企业完善组织治理架构，建立规范的内部管理制度和流程，针对企业运营和管理过程中存在的问题设立相应的处

理措施，提升企业的管理水平；同时，投资公司可结合自身良好的人才管理经验和人脉资源，协助被投企业引荐、招聘、培育优秀的管理人才，建立完善人才招聘、管理、发展、培训、激励考核等制度，为企业提供人力支持，优化企业的经营管理团队。

国投创益在公司治理方面不仅帮助被投企业完善公司治理结构，开展相应培训业务，还发挥央企的独特优势，指导被投企业的党建工作，具体的增值赋能服务有：

• 完善公司治理结构：从整体来看，良好的公司治理具体包括合理的治理政策、治理架构，完善的风险控制、信息披露体系。其中政策方面，不仅包含会计、审计、内部控制等政策，也包含相应的 ESG 政策；在治理架构的搭建上，要更多地考量董事会架构是否严谨全面，满足情况的被投企业还应成立 ESG 委员会，并且明确董事会对 ESG 绩效的负责机制，公司也应及时披露公司经营情况和 ESG 相关信息。

• 规范财务管理系统：财务管理系统作为公司实现财务目标的整体运作系统，关系到公司内部各类财务活动的顺利运行，良好的财务管理系统可以赋能财务核算，提升工作效率；并且对资金进行动态监管，降低运营风险。国投创益作为一家主营业务为产业基金投资管理的央企，其拥有丰富的财务相关管理经验，可以赋能被投企业完善财务管理系统，规范财务流程，提升管理水平。

• 开展转型业务培训：进行产业基金投资以实现乡村振兴，重要的是使被投企业完善相应的业务转型，转型为可持续发展、可持续盈利、可持续带动乡村振兴的企业；国投创益有着丰富的扶贫和乡村振兴经验，为被投企业开展相应的培训，助力其转型，也成为投后管理的重中之重。

• 指导党建工作：国投创益作为中央企业，有着丰富的党建经验，通过国投创益指导被投资企业的相关党建工作，可以使被投企业更顺利地开展相关工作，完成带动乡村振兴的使命。

案例

管理赋能，助企发展

——国投创益与飞龙雨党支部举行联学联建活动

国投创益为不断提升投资企业管理能力与党建工作水平，助力企业高质量发展，2022年8月10日，国投创益党支部与投资企业贵州飞龙雨实业集团有限公司（以下简称飞龙雨）党支部举办联学联建活动。

该联学联建活动在贵阳举行，国投创益为飞龙雨管理层20余人开展了ESG管理体系及人力资源管理的培训，就目前国内盛行的ESG管理体系的起源、发展、理念、内容及人力资源管理的原则、方法、难点等内容进行了详细讲解与分享。培训结束后，飞龙雨各职能部门还就企业发展战略、党建工作、品牌宣传、信息化建设等内容与国投创益相关负责同志进行了深入交流，相互学习促进。

飞龙雨董事长陇宗烨对于国投创益一直以来对飞龙雨公司发展的帮助和支持表示感谢，对本次国投创益到飞龙雨开展投后赋能培训并开展支部共建活动表示热烈欢迎，“国投创益每年持续带来的各领域管理体系的分享及指导使公司管理能力不断提升，为飞龙雨插上了产业升级和业务拓展的翅膀，希望我们在国投创益的支持下不断发展，并积极承担更多社会责任”。

培训结束之后，国投创益党支部共建人员考察了飞龙雨形象店及公益项目“歇脚驿站”，随后在贵阳市乌当区羊昌镇党委书记袁会斌陪同下，来到飞龙雨结对帮扶村羊昌镇黄连红军村，向村少数民族文化传承基地捐款7万元，支持少数民族文化传承与事业发展。

捐赠仪式结束后，国投创益和飞龙雨党支部全体成员在黄连红军村村支书李昌志同志的带领下重走长征路，重温长征精神，缅怀革命先烈，坚定理想信念。在重走长征路的终点——红军留下的“还我河山”遗址前，全体党员重温入党誓词，感受老一辈革命先烈的爱国主义精神。

（二）内生外延：协助整合市场资源，提升被投企业市场竞争力

私募股权投资公司借助自身在过往投资项目和运营中积累的经验和资源，为被投企业引荐合作伙伴，提供行业发展的相关建议，整合企业产业链的上下游，协助被投企业开拓市场，提高企业的生产、运营、销售、服务能力，提升企业的行业知名度。同时，结合 ESG 发展的要求，一方面，通过更有效地利用资源和改善生产流程等方式降低企业运营成本，通过培训等方式减少企业环境和社会风险，增强员工 ESG 意识，携手被投企业积极承担社会责任；另一方面，协助被投企业从 ESG 角度捕捉实现业务增值的机会，提升企业 ESG 绩效水平，从而满足更多供应链上下游企业的期望，提升企业的品牌形象。

国投创益借助自身拥有的丰富资源，为被投企业提供以下相关增值服务：

• 提供外部关系网络：国投创益以丰富的外部资源，能够帮助被投企业结识更多的外部机会，助力企业更好发展。

• 搭建交流合作平台：国投创益践行 ESG 影响力投资服务乡村振兴，践行 ESG 融入"募投管退"的闭环管理模式，拥有丰富的管理经验，可以为被投企业提供对外合作交流的平台。

（三）资本运作：协助再融资和资本运作，助力被投企业实现资本扩张

私募股权投资公司通过自身资源协助被投企业寻找资金方，借助资产证券化、融资租赁等多样化的融资手段，帮助被投企业对接合适的资金方和融资方式。同时，协助被投企业进行资本运作，为其推荐优秀的券商、律所、会计师事务所等中介机构，帮助企业进行 IPO、并购重组等，推动企业借助资本实现快速发展。

国投创益为被投企业提供如下资本运作层面的增值赋能服务：

• 提供再融资服务：国投创益拥有丰富的外部资源，可以协助被投企业

寻找资金方，实现再融资服务，保证资金链的完整流畅。

• 上市辅导及并购：在投后管理进入中后期阶段，国投创益丰富的经验和管理手段，可以帮助被投企业进行并购重组、IPO 等。

为实现被投企业更好更快地发展，国投创益建立了资金监管、信息收集、分析报告、定期检查、年度评估、增值服务六大机制，提高投后管理效能。增值服务方面，深入产业，服务国家战略，为企业提供发展建议和丰富资源，提升被投企业价值，同时通过产业链条的深入与优质企业的培育，深化资源整合能力，拓展生态资源，从而逐步实现国投创益影响力的提升。

总体而言，针对欠发达地区企业实际情况，国投创益基于价值提升理念，做好完善公司治理结构、规范财务管理系统、提供再融资服务、提供外部关系网络、上市辅导及并购、开展专题业务培训、搭建交流合作平台、党建工作指导八大增值服务，帮助被投企业提高管理水平。对于欠发达地区企业普遍存在管理不规范、抗风险能力差等问题，在产业基金投后管理中，国投创益按照“一企一策”原则，为被投企业赋能，通过健全规章制度、加强人员培训、会计师事务所提供财务顾问等方式，帮助企业完善法人治理架构、健全财务会计管理制度、规范生产运营。通过帮助被投企业解决管理问题，支持企业发展壮大，打造共同发展繁荣的强劲引擎，提升欠发达地区行业发展内生动力。

人物故事

现代化企业推动者——高伟哲

第一次见到高伟哲本人，都会对他的开朗健谈印象深刻。短短几分钟高伟哲就能抓住对话者的性格特点、关注方向，从而与其建立良好的沟通关系。“这算是天赋，”高伟哲有点小得意，“我能迅速地和不同类型的人打成一片。”作为土生土长的天津人，高伟哲极具乐观精神和接地气的亲和力，这也让他在工作中节省了不少沟通成本。

国投创益有不少投资经理人，有严谨技术导向的，也有像高伟哲这样亲和力强的，他们无一例外秉持着兼顾经济效益和扶贫效益的原则，承担起了引导企业到贫困地区投资从而进行当地经济结构升级改造和人口脱贫的重要责任。高伟哲形容国投创益的投资经理人都有一种“职业信仰化”的趋势，“每个国投创益人都将产业扶贫看作毕生奋斗的目标，我们对现在产业基金扶贫的模式几乎是信仰式的，原因很简单，我们实实在在看到了给贫困地区带来的改变”。

高伟哲在加入国投创益之前在某私募机构工作，工作期间业绩突出，经手的也大多是科技含量较高的项目，他已经得心应手。提到为何要转换赛道来到国投创益做产业扶贫时，他沉默了一下说：“那时突然发现我对数字不兴奋了，这是个很危险的信号。在工作的过程中也接触到了产业基金扶贫这个概念，这在当时完全是个新概念，很少有人做。久违的兴奋和想要全身心投入的感觉又回来了，我决定加入国投创益，一起做探路者。”

然而，转换赛道不像他预料的那么容易。他运作项目中打交道的对象由精英海归、清华学子变成了乡村企业主，项目类型由生物医药、高科技变成了种植养殖业，出差地点由上海、深圳变成了国家级深度贫困县，当然交通工具也由飞机高铁变成了绿皮火车、大巴。“我来国投创益之前信心满满，认为自己这么多年的私募基金操作经验能够比较好地适应产业扶贫，”高伟哲笑着说，“但刚来国投创益时体会到过去的很多经验不适用，要重新做话语体系、项目研判体系等。”

虽然开局不像高伟哲预料的那般顺利，但他很快就适应了新的工作节奏。在那段时间里，高伟哲多年积攒下来的基本功发挥了很大作用，扎实的财务分析能力、看人看项目的能力以及他天生自带的亲和力都让他很快融入了国投创益产业基金扶贫工作中。今天的高伟哲已经对产业扶贫有了一套自己的逻辑，产业扶贫不仅是给当地输送“造血功能”，提高就业、增加当地税收，更是一个提升贫困地区致富意识的有效手段。扶贫先扶志是非常有道理的，只有提高贫困地区人群的认识和主动参与谋生工作的热情，才能彻底改变这些地区的贫困面貌。

"一砖一瓦"帮助企业转型

高伟哲还记得他加入国投创益的第一个项目是从事肉鸡养殖的乾信牧业，位于河北康保县，直线距离只有360公里，但2016年的交通还不甚发达，历经绿皮火车、土公路，颠簸了六个多小时才到，比去一趟海口花的时间还要长。在康保县多次调研后国投创益决定扶植乾信牧业发展。

高伟哲经历了一手一脚搭建现代化企业的过程，他帮助企业建章立制、规范行为，甚至跑贷款、拉赞助也是高伟哲带着团队做下来的。最终高伟哲的心血没有白费，2016年还在亏损状态的企业，2019年利润已达到5000多万元，成为康保县的支柱产业，带动了3000余名贫困群众就业。

三、投后评估管理

投资绩效评估管理通常采用定性和定量评估相结合的方式，形成完善的投后管理绩效评估体系（见表26）。定量评估主要是考量被投企业的整体运营状况，如营业收入、营业利润、资本使用情况、ESG绩效等；定性评估主要考量企业的发展水平和竞争能力，如研发创新、技术水平、市场竞争力、行业优势、公司治理等。定性和定量相结合的方式可以对被投企业的短中长期发展进行全面评估，保障被投企业的稳定发展，减小投资机构的股权投资风险，有利于后续的顺利退出进而获得较高的投资收益。

表26　投后管理绩效评估体系

评估指标	评估目标
财务指标	财务指标通过对重要财务指标、预算执行情况的分析，进一步评估被投企业的财务稳健性与盈利能力，及时识别隐含的财务风险，主要包括资金使用情况、三大财务报表、会计制度、重大财务方案、进驻财务监督人员的反馈情况等
管理指标	完善的管理结构是保证投资安全最直接、最有效的手段，通过对被投企业董监高等重大人事变动、股权变化、战略决策变动等因素的监控，及时预警防范投资人利益受损，管理指标主要包括公司战略与业务定位、经营风险控制情况、股东关系与公司治理、高级管理人员尽职与异动情况、重大经营管理问题、危机事件处理情况等

续表

评估指标	评估目标
经营指标	通过对其内部运营关键指标、重要合同、客户稳定性等因素的持续关注，及时反映企业基本面和其核心竞争力的变化，常见指标包括销售额、净利润、营业收入增长、新市场进入等
ESG 指标	主要包括能源使用情况、资源利用情况、员工培训情况、职业健康和安全事件、商业道德和反腐败等
收益管理	对每一项投资来讲，按预期实现收益是投资成功的最关键的标准，因此收益类指标应是投资团队时刻关注的对象，收益衡量指标主要包括投资回报倍数、投入资本分红率、内部收益率等
市场信息追踪指标	主要包括产品市场前景和竞争状况、产品销售与市场开拓情况、经第三方了解的企业经营状况、相关产业动向及政府政策变动情况等
退出管理	在上市初期准备阶段督促解决已存在的上市障碍，防止出现新的妨碍上市或退出的重大问题，从而影响公司的上市进程及退出策略

社会效益与 ESG 评估方面，国投创益建立了“投前预测—投后定期评估—结果传达”的完整评估及提升流程（见表 27），通过对被投企业开展社会效益与 ESG 评估工作，分析判断投资项目的社会效益达成情况及 ESG 变现情况，为被投企业提供切实可行的建议，助力其 ESG 管理提升。

表 27　国投创益社会效益与 ESG 评估流程

投前预测	• 指标预测：社会效益及 ESG 体系中的定量指标预测作为投资方案的必要内容通过投决会审核，项目团队联合运营管理部对指标预测值的合理性进行详细分析解读 • 系统固化：经投决会审核通过的指标预测值及时录入投管系统中固化以便投后跟踪，如需对预测值进行修改需发起审批或特别报备
投后定期评估	• 评估分析：运营管理部根据社会效益评估及 ESG 评估工作要求，于每年度自行组织第三方专业机构开展相关工作，项目团队协助收集评估所需数据并对定量指标预测值的偏离情况进行分析 • 总结指导：运营管理部根据第三方专业机构评估结果，组织召开社会效益达成情况总结分析会及 ESG 表现情况总结分析会，为项目团队在后续管理工作中如何促进投资项目提升、社会效益达成及提升 ESG 表现提供指导
结果传达	• 项目团队应当根据被投项目上年度的社会效益达成情况及 ESG 表现情况与被投企业管理层进行充分沟通，就促进社会效益达成及提升 ESG 表现提供切实可行的建议

基于以上对于 ESG 评估的投前预测、投后定期评估以及结果传达流程，具体的评估操作遵循以下步骤：

- 搭建国投创益 ESG 指标体系，形成指标衡量标准

根据评估指标合理、科学和可行的原则，参考香港联合交易所《ESG 指引》、恒生可持续发展指数、MSCI、DJSI 评级等对于公司 ESG 信息披露的要求，结合我国上市公司 ESG 实践表现及信息披露情况，国投创益基于脱贫攻坚阶段建立社会效益评估体系的经验，经过不断优化完善，搭建了一套完整的 ESG 指标体系。详见前文所述。

- 收集企业 ESG 数据，建立 ESG 数据库

公司通过 ESG 尽调，获取评级所需企业的 ESG 数据。通过吸纳所积累的各行业 ESG 数据以及外部公开数据，形成国投创益 ESG 动态可视化数据库，并进行不定期动态更新。

- 根据 ESG 数据打分、评级

公司定期评估被投企业 ESG 表现，并将 ESG 内容纳入投资协议中，同时在相应条款中明确对被投企业的 ESG 绩效管理要求。公司根据 ESG 评价指标体系对已投项目按评价标准进行打分和评级，确保项目开展遵循乡村振兴战略导向、符合公司发展战略要求。

- 评估企业 ESG 表现，并开展培训进行及时整改

通过 ESG 指标体系对被投企业的 ESG 风险进行评估，及时引导被投企业关注 ESG 风险，有效提升国投创益投资组合的综合风险管理能力。针对 ESG 指标数据呈下滑趋势的被投企业，开展不同形式的 ESG 培训，并督促其加快整改。

- 引入外部鉴证核实数据，定期发布影响力报告

通过引入具有资质的外部第三方，对被投企业 ESG 评分表现进行鉴证，保证被投企业打分真实有效（见图 60）。同时，定期发布影响力报告，推动和跟进管理情况。

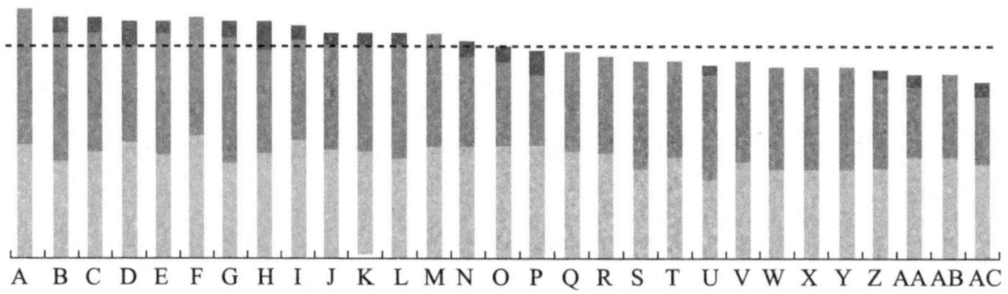

图 60　被投企业鉴证得分图示

补充资料

新疆钵施然农机股份有限公司

基于投资经理提供的ESG自评报告及支撑材料，新疆钵施然农机股份有限公司（以下简称新疆钵施然）最终鉴证分数为94分（满分110分）。其中，ESG得分39分（满分50分），乡村振兴得分50分（满分50分），附加分5分（满分10分）。

新疆钵施然的优秀表现体现在：

ESG方面：

- 在环境层面，企业有完备的资源与能源消耗管理制度，积极开发资源循环利用新举措。同时，严格遵守环境合规要求，针对生产经营过程中产生的污染物建立了严格的管理体系。
- 在社会层面，重视员工权益，积极开展培训活动增强员工能力。同时，企业高度重视产品安全质量，建立了完善的产品质量安全认证体系。
- 在治理层面，企业有着完善的现代化企业治理制度。关注反贪腐及商业道德，并针对各级员工开展相关培训。

乡村振兴方面：

- 企业在新疆塔城设立多家分公司，有效提升当地居民收入水平，为欠发达地区人民过上富裕生活出力；为乡村振兴地区居民提供包括采棉机使用等技能的系统性培训，为乡风文明建设作出贡献；企业生产的残膜回收秸秆还田一体机，通过秸秆还田降低农药的施用率，减少土壤污染，打造宜居环境，建设美丽乡村。

- 持续分析体系运行情况，动态完善 ESG 指标体系

对现有影响力投资体系进行持续分析，形成综合分析结果。根据国家最新政策及体系运行综合分析结果，对指标进行动态调整，形成指标体系的动态完善机制。

投后管理阶段，国投创益针对不同的项目类型设置了不同的社会效益及 ESG 评估要点，实现投资项目的针对性评估管理（见表 28）。

表 28　国投创益社会效益与 ESG 评估要点

资产类型	社会效益及 ESG 评估要点
控股股权项目	• 按照评估要求，定期对社会效益开展评估工作，同时聘请第三方对企业开展 ESG 评估工作，应当要求控股企业必须提供社会效益及 ESG 评估所需的真实、完整的数据 • 依据评估结果对社会效益预期达成情况进行对比分析，对未达预期的情况提出应对建议 • 基于评估结果及控股企业实际经营发展情况，帮助被投企业构建、完善社会效益及 ESG 自评体系，提升社会效益及 ESG 目标与企业经营发展的融合度
参股股权项目 定增/战配项目	• 按照评估要求，定期对社会效益开展评估工作，同时聘请第三方对企业开展 ESG 评估工作，在投后过渡期内就社会效益及 ESG 评估数据的收集与被投企业达成一致 • 依据评估结果对社会效益预期达成情况进行对比分析，对未达预期的情况提出应对建议
子基金项目	• 按照评估要求，定期对社会效益开展评估工作，同时聘请第三方对企业开展 ESG 评估工作，在投后过渡期内就社会效益及 ESG 评估数据的收集与被投企业达成一致 • 依据评估结果对社会效益预期达成情况进行对比分析，对未达预期的情况提出应对建议 • 向子基金交流社会效益及 ESG 评估经验，鼓励子基金对其所投项目开展社会效益及 ESG 评估工作

补充资料

国投创益 ESG+指标体系动态完善过程

国投创益 ESG+指标体系的形成经历了一个逐步试验、完善、推广的过程，从运作初期主要依托投资团队投前项目考察时开展社会效益调查，

到现在覆盖投资“前中后”全流程，该体系不断结合实地调研的指标适用性进行调整。在指标创建和调整过程中，国投创益积极与北京大学、北京师范大学、中国人民大学、中国农业科学院等国内权威扶贫智库合作，并得到汪三贵、张琦、雷明等三位国务院扶贫开发领导小组专家咨询委员会委员的全程指导，将其理论优势和国投创益的投资经验优势相融合，保证了评估指标体系的合理性、科学性和可行性。

2017 年，为客观评估产业基金投资的扶贫效益，国投创益与国内权威扶贫智库合作，建立了社会效益指标体系，对投资拨付满一年的项目开展社会效益评估。在探索建立社会效益指标时，考虑了直接帮扶效果和间接带动效果两个主要方面：一方面，产业基金能够直接解决通过产业发展、就业带动等方式推动“五个一批”，进而实现脱贫目标；另一方面，也能够通过带动产业链上下游发展促进贫困地区产业发展，通过增加税收、GDP 等方式促进贫困地区经济发展。因此，构建了总体扶贫情况、直接扶贫成效和间接扶贫成效三个一级指标。根据投资企业的实际带贫模式，构建了产业（就业）扶贫、教育扶贫、健康扶贫、金融扶贫、社会扶贫、经济效益、社会影响等七个二级指标。

2018 年，将社会效益评估运用在数据定期采集环节，同时，为确保数据真实可靠，所需材料均需当地政府部门审核并加盖公章。在指标变更方面，由于乡村振兴政策不断丰富，依据最新的乡村振兴政策迭代了评分标准及相应元素，针对中央一号文件所提出的“生活富裕、乡风文明、生态宜居、产业兴旺”，共对 28 条评分标准进行了政策的导入和指标的调整，使其可操作性和可量化程度均有提升。

2019 年，国投创益将社会效益指标体系推广至投前尽调、投中决策、协议签署等环节，至此，社会效益指标体系全面运用于投资“前中后”整个流程，形成了社会效益闭环管理体系。根据产业基金社会效益调查指标应用和反馈情况，发现很多投资企业主要带动模式是生产、就业和租赁土地等，于是将产业（就业）带动指标细分为生产带动、就业带动，将资产收益带动调整为二级指标，同时制定完善了三级指标。

2020 年，考虑到总体扶贫情况可以通过其他各项指标测算而得，于是取消了总体扶贫情况指标。为进一步细化指标体系，提升指标的指导作用，将整体指标体系进行了调整，原一级指标取消，二级指标升为一级指标，部分三级指标升为二级指标，同时对原三级指标进一步细分和调整，形成了更加细化的三级指标。将间接社会效益带动的经济效益指标调整为资本、税收和基建，增加了上下游产业链带动情况指标，有效提高了指标的明确性和准确性，同时取消了社会影响指标。

2021 年，国家出台了《加快农村能源转型发展助力乡村振兴的实施意见》，依据政策，在产业兴旺维度增添能源转型标准，对农村光伏、风电、生物质能源等行业的企业发展予以推动，针对政策的推行，该评分标准对衡量范畴和分类进行了调整优化，使得整个标准逻辑性更强、结构更加清晰严密，能够更加准确地度量社会效益。

2022 年，国投创益对社会效益闭环管理体系进行了进一步优化，使其与 12 类乡村振兴带动模式完全匹配，进而实现底层基础与宏观总结的顺利对接。除此之外，在现有的影响力衡量体系上，国投创益做出了采用社会投资回报原则（SROI）作为衡量社会效益指标的探索，力求与国际影响力投资基金接轨，探索出适合中国的 SROI 计算方法，为之后的项目评估提供更为有效的方法。

四、风险预警处置

私募股权投资公司一大核心能力是风险控制能力，企业需要建设风险管理文化，对内通过开展风险文化宣传、风险业务培训等方式增强员工的风险管理意识，并将风险管理纳入员工的日常考核体系，树立相关人员在业务操作中的风险把控理念；对外则通过对被投企业建立投后风险预警体系，划分风险等级，针对不同风险水平设立相应的识别、预警和应对机制。私募股权投资公司通常通过外派董监高进驻被投企业的方式对企业运营过程中的重大事项进行监测，同时管理团队及时关注被投企业的其他风险，如财务指标变动、宏观政策及外部市场变化、市场竞争力变化、预期收益变化、退出计划的实施情况等。

建立全面风险管理体系是开展全面风险管理的基础，风险预警管理体系依据全面风险管理体系设立，通过系统的防范将日常风险及特殊风险有效反馈到各职能部门及专业岗位，获取时间以准备应对措施。首先，国投创益投后管理团队通过访谈、调研、公开信息等多种渠道收集被投企业的相关信息，并进行风险识别；其次，通过将风险预警源录入风险指标体系，分析设立对应风险指标后，结合企业的实际情况对各项指标的权重等进行设置，同时对各项风险等级进行划分，当企业面临相关风险时，系统发出不同的预警信号，并采取相对应的风险控制措施；最后，通过建立风险管理体系，投资机构可把控导致风险发生的不良因素以及在风险不可避免时尽可能地降低损失。

服务乡村振兴战略的产业基金投资存在被投企业地域资源和管理效能有限的风险管理难题。国投创益自主开发了五级风险评估模型，通过搭建五级风险评估模型并利用其开展投资项目的风险评估，将已量化的风险评估结果按照所属基金、项目类型、投资团队、所属行业、投资日期、项目 IRR、项目规模等要素进行分门别类的搭配汇总，并通过仪表盘、条形图、趋势图、地图、表格等丰富多元的形式展现，实现了风险管理可视化。在此基础上，国投创益分别打造了风险管控平台和风险主题监测的智能风控体系，以一站式、多维度、可视化、系统化的方式透视风险构成和来源，有效助力对基金整体风险和项目个体风险的双效把控。

针对每个项目的风险评分，用相应权重计算出加权风险得分（见表 29），并对风险进行调整，最终得到各投资项目风险得分，具体流程如图 61 所示。

表 29　五级风险评估体系不同项目类型对应的风险类别及权重

直投项目	定增/战配项目	债权项目	子基金项目
财务风险（28%）	市场风险（16%）	信用风险（17%）	基金业绩（28%）
合规风险（19%）	财务风险（23%）	财务风险（30%）	合规风险（42%）
公司治理（19%）	合规风险（18%）	合规风险（18%）	经营风险（8%）
经营风险（13%）	公司治理（20%）	公司治理（19%）	退出风险（22%）
退出风险（21%）	经营风险（9%）	经营风险（7%）	
	减持风险（14%）	退出风险（9%）	

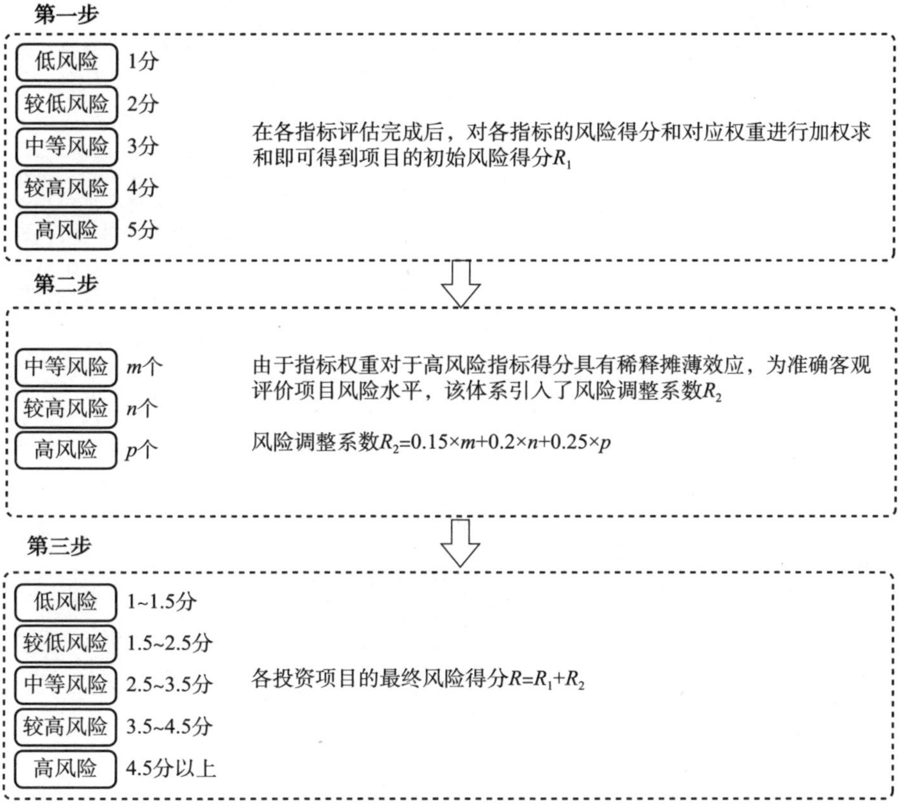

图 61　国投创益加权风险评分法

国投创益也在 2021 年研发并投入使用了智能风控体系，升级了之前的红绿灯体系，具体的体系变动和实施效果见表 30。

表 30　国投创益产业基金投资智能风控体系与原风险管理工具的实施效果对比

对比内容	原红绿灯 风险评估体系 （2018—2020 年）	产业基金投资 智能风控体系 （2021 年后）	实施效果
风险评估范围	投后管理阶段项目	投后管理+部分退出阶段项目	纳入风险监测的范围更广，实现无死角监控
风险评估模型	针对所有投资项目使用一套评估模型	将投资项目划分为股权、定增、债权、子基金四个类别，并为每个项目类别单独设计反映其风险特点的评估模型	能够准确识别风险源，开展更具针对性和更加深入的风险分析
风险评估机制	子指标均为绿灯→绿灯项目 子指标存在黄灯→黄灯项目 子指标存在红灯→红灯项目	通过对每个子指标的不同风险水平赋予指标得分和指标权重，再最终加权汇总为该项目的风险得分	更加客观公允地反映真实风险水平
风险评估结果	定性判断	定量结果	可以对处于相同风险等级的项目进行横向风险严重程度比较，便于对风险评估结果进行分类汇总和多维度综合分析，实现风险可测的目标
风险评估等级	绿灯项目、黄灯项目、红灯项目	低风险、较低风险、中等风险、较高风险、高风险	助力精细化、针对性、优先性的风险分级管理，实现风险可控的目标
风险可视化	因风险评估结果为定性结果，因此无法开展可视化展示和多维透视分析	以动态图表、仪表盘等构成可视化看板，并以系统自动同步数据的形式实时更新	实现风险可视、风险可溯的目标
风险主题分析	无	对市场风险、合规风险、操作风险、行业风险分别开展主题分析	实现风险管理全覆盖
风险管理报告	仅从绿灯项目、黄灯项目、红灯项目个数以及子指标评估结果开展分析，并形成报告	将基于量化风险评估结果的多维度风险分析、风险构成和来源的深度透视，以及不同主题风险监测结果纳入风险报告，实现业务开展的横向风险监测与基金投资的纵向风险管理信息汇总	提升风险报告的全面性、及时性、有效性和可参考性

针对被投企业在运营过程中产生的 ESG 风险，国投创益及时监控和记

录企业对环境造成重大影响、安全生产、违反法律法规等方面相关的事件，并促使其采取适当的纠正措施，关注可能出现的任何新风险，并督促被投企业实施应对举措，同时定期对被投企业的风险进行全面评估，以便制定相对应的减缓措施。

• 环境风险：主要评估污水、固体废弃物、温室气体、废气等排放问题，对生物多样性的影响以及其他重大环境影响等方面；

• 社会风险：主要评估被投企业劳动与工作条件、健康安全、对客户和消费者的影响、对社区的贡献等方面；

• 治理风险：主要评估被投企业反贪腐、商业信誉、公司治理水平等方面。

针对投后管理阶段经营环境和市场趋势带来的不确定性及被投企业的自身经营管理等风险，国投创益建立了全面的风险防控体系，通过对被投企业的定期跟踪与监控，识别风险、合理评估、积极应对，尽可能地降低风险损失，保障国有资产的增值保值。

同时，国投创益将 ESG 的理念融入日常风险监控过程之中，定期对被投企业的 ESG 现状和风险进行监控分析，及时引导被投企业，有效提升公司的综合风险管理能力。

第四节　投后管理保障

投后管理除了运营监控和增值服务之外，保障体系还将有效提升投后管理的效率。投后保障体系主要包括投资管理信息系统、人才管理培训等。

一、投资管理信息系统

通过建立股权投资管理信息系统，一方面可减少管理团队数据整理、审核、校对等重复性工作，提升投资效率；另一方面私募股权投资公司可获取跟踪被投企业的相关信息，保障投资项目进程的稳步推进，实现对异常情况的及时预警和响应。此外，借助信息系统的数据分析能力，可有效支持投资机构在投后管理阶段适时调整投资决策，也有利于项目后期的复盘与回测（见图 62）。

国投创益以“落实管理要求、沉淀管理动作、跟踪管理任务、提醒管理动态、复盘管理效果”为目标，建立了投后管理数字化体系，从宏观、中观、微观三个层面对投后管理提供数字化支撑。

图 62　国投创益股权信息管理系统

- 宏观层面：以关键业绩、经营指标为管理依据，建立数据可视化看板，在督促目标达成与促进管控效果提升方面有较大进步；

• 中观层面：以被投企业的投管目标为导向，构建被投企业的核心管理情况看板，监控目标达成情况，使核心事项的管控情况一目了然；

• 微观层面：体现“管控+服务”的投后管理模式，清单化核心管理事项，结构化核心要素，明确投管纪律，强化管理要求。

二、人才管理培训

优秀的人才是投资机构实现高效管理的基础。私募股权投资公司建立专业化的投后管理团队，多渠道引进具有丰富管理经验、熟悉资本市场、对行业具有深入认知的复合型投后管理人才，为不同的投资项目提供专业化和针对性的投后管理，从而提高投资机构的软实力。此外，投资机构应定期开展业务培训和内部交流，通过培训提升业务人员的理论水平，通过内外部交流拓宽业务人员视野，学习先进经验，提高管理能力与水平。

第十章
ESG+融入投资全流程——退出

退出作为私募股权投资运作的最后一个环节，主要是指股权投资机构选取合适的时机，将所持有的投资企业的股权部分或全部变现转为资本形态的过程，由此实现资本增值或是避免及降低投资的损失。成功的退出作为投资的终点，将为私募股权投资公司带来收益，同时也是新一轮股权投资的起点，为下一次募资和投资奠定良好的基础。

第一节　ESG助力私募退出，实现义利并举

• 获得投资收益：私募股权投资项目不同于证券投资，其具有非公开和投资周期长等特点，无法通过频繁交易实现投资增值，而对于股权投资公司而言，获取被投公司的控制权和经营权并非其投资目的，投资公司主要利用自身的资源和优势参与被投企业的运营，推动企业做大做强，在企业价值提升后选取适当时机退出而实现投资收益。

• 提升公司名誉：基金退出收益率是衡量股权投资机构投资能力的重要指标，合理有效的退出不仅能够实现投资收益，利用收益进行再投资，进一步实现收益的累积，而且能够凸显股权投资机构的专业能力，提升其在行业内的名誉和竞争力。

• 控制投资风险：私募股权投资项目通常具有高风险性，一方面投资项

目在未来可能受到行业或政策的影响造成价值走低，另一方面项目存在运作失败的风险，因此投资公司应当通过及时退出来控制风险收回资金，降低投资损失。

• 促进资金流动：私募股权投资公司只有保证在被投企业的合适时间点退出，才能将资金投入新的企业，从而实现投资资本的流动。

对于影响力投资而言，将 ESG 因素纳入投资退出管理之中能有效降低风险、提高企业的退出价值。一方面，良好的 ESG 表现通常是优质卖家的重要考量因素之一，同时对被投企业而言，完善的 ESG 管理体系有利于在投资退出后继续维持高质量的经营和发展；另一方面，对投资公司而言，ESG 退出管理可充分体现 ESG 绩效对项目投资回报的贡献，被投企业先进的 ESG 管理水平同时有利于降低退出后危机事件对投资公司造成的声誉风险。

第二节 选择合适退出途径，关注 ESG 影响要素

受到企业发展阶段和运营结果以及外部环境等因素的影响，私募股权投资的退出方式呈现多样性的特征，多样化的退出方式是资本市场成熟的标志，投资机构可根据被投企业的实际情况选择合适的退出方式而得到预期收益，常见的退出方式主要包括上市退出、股权回购、股权转让、兼并收购和清算退出等①。

• 上市退出

IPO 是目前私募股权投资公司退出最理想的方式，因为私募股权投资公司通过 IPO 的方式可将被投企业的股份转化为流通股，限售期后可进行择时出售。IPO 上市的被投企业通常会迎来估值的大幅上涨，私募投资公司可以通过出售套现而获得可观的投资收益。

---

① 朱秀秀．我国私募股权投资基金退出方式的研究［D］．苏州：苏州大学，2018.

根据转让方式的不同，上市退出方式可分为直接上市和间接上市（如重大资产重组、借壳上市等）。

目前，越来越多的交易所将ESG因素纳入企业IPO及上市后的关键因素考量中。根据联合国可持续证券交易所倡议数据，截至2023年3月，全球120家交易所中已有70家针对其上市公司出台了《ESG指引》，覆盖上市公司数达48182家，市值近12万亿美元[①]。聚焦我国，各大交易所先后出台相关指引明确上市公司ESG的信息披露要求。

除了对上市公司ESG的信息披露要求之外，部分交易所已开启对IPO的申请人提出ESG的相关要求。各交易所对上市公司、IPO申请人ESG监管要求的提升，将推动企业提早建立ESG管理体系。国投创益将ESG因素纳入“募投管退”的各个环节，在ESG管理评估方面拥有较为成熟的经验，为被投企业进行IPO退出奠定了基础。

截至2022年底，国投创益已有汇通达、益客食品等5家被投企业实现IPO。2021年至今，国投创益已启动44个被投企业的IPO流程。

- 股权回购

股权回购是国投创益重要退出方式之一，是被投企业的其他股东按照约定的价格向私募股权投资公司收购所持有的公司股权，股权投资基金管理人实现成功退出的退出方式。根据回购方的不同可分为股东回购、管理层回购和员工收购。相对其他退出方式而言，该种退出方式的优点是股权内部转让，可以保障被投公司的自主权，且转让流程较为简单，操作难度低，投资公司可一次性退出，同时有利于ESG管理体系在投资公司退出后仍可保持一致。

- 股权转让

股权转让是私募股权投资公司通过场外市场挂牌或者私下协商的方式将所持有的投资公司的股权转让给第三方，从而获取投资收益。股权转让

---

① 联合国可持续证券交易所倡议（Sustainable Stock Exchanges Initiative，SSE），https：//sseinitiative. org/exchanges-filter-search/.

操作简单，门槛较低，满足条件的被投企业可灵活实现股权转让，从而实现投资收益。股权转让也是国投创益采取的主要退出方式之一。2022 年，国投创益通过上市项目减持回收资金 31 亿元，占比达到 64%；非上市项目回收资金 18 亿元，占比达到 36%，其中股权项目回收资金 10.4 亿元，占比 21%；子基金项目回收资金 6.11 亿元，占比 12%；债权项目回收资金 1.54 亿元，占比 3%。

- 兼并收购

兼并收购是第三方购买了私募股权投资公司投资的被投公司全部或部分股权，使得投资公司实现退出。通过兼并收购完成退出的优势在于不受公开市场发行条件的限制，并购方式较多，投资机构拥有较大的灵活度和较高的效率，回收资本的速度较快，操作简单，适用范围广泛。

- 清算退出

清算退出主要是私募股权投资公司因被投企业终止运营，对股权进行处置，从而实现退出的方式，它是一种投资失败不得已选择的退出方式，虽在一定程度上能降低投资风险，收回部分资金成本，及时止损，但也会带来一部分的损失，影响投资公司的信誉，对其未来的资金募集和投资造成不利影响。

对于影响力投资而言，除了需要考虑投资退出的方式外，还需关注 ESG 相关因素，不同的退出阶段和退出方式都对投资公司和被投企业的 ESG 管理应对提出不同的需求。

目前，越来越多的交易所将 ESG 因素纳入企业 IPO 及上市后的要求中，推进投资公司对 ESG 管理的关注。对于影响力投资而言，除了需要考虑投资退出的方式外，还需关注 ESG 相关因素，不同的退出阶段和退出方式对投资机构和被投企业的 ESG 管理应对的需求亦不同（见表 31）。

表 31 退出阶段的 ESG 关注需求

退出阶段		ESG 关注需求
计划退出阶段		投资持有期内，退出考量会对 ESG 相关战略决策产生重大影响： • 部分收购方对收购企业 ESG 管理具有一定要求，未达相关标准将减少退出选择的范围； • 改善 ESG 表现可以提高企业退出时的估值； • 计划退出方式将倒推出被投企业在投资持有期内需要考虑收集记录的 ESG 相关信息（如能源使用效率、温室气体排放强度、减少职业健康和安全事故的举措等）
即将退出阶段		投资期即将结束时，投资公司需对被投企业 ESG 事项进行审查，以确保潜在问题得以解决，有助于企业实现价值最大化： • 以 ESG 尽职调查为基准，评估被投企业 ESG 绩效改进情况； • 与潜在收购人沟通被投企业 ESG 绩效； • 不同退出方式决定 ESG 处理策略
退出方式	IPO 上市	IPO 上市要求、利益相关方关注、公众监督、信息透明度等日益趋严的要求需要申请人提前应对： • 披露 ESG 风险与机遇、应对举措、绩效成果等信息； • 考虑投资公司退出后，被投企业运行 ESG 管理体系的持续性和专业性
	出售	良好的 ESG 管理体系是部分收购方的重点关注要素之一： • 突出被投企业已采取专业方式对 ESG 问题和风险进行管理； • 突出 ESG 管理带来的附加价值； • 充分披露和应对收购方关注的 ESG 议题； 收购方的 ESG 管理战略也是投资公司退出时需要关注的问题： • 潜在收购方 ESG 管理水平：ESG 管理体系和制度建立情况、公司治理水平、ESG 政策遵守情况、ESG 绩效等； • 收购后 ESG 管理态度：是否继续执行 ESG 实践、是否存在利益冲突、收购后员工管理问题等

第三节 实现规范化退出管理，兼顾回报与影响力

为了规范各类投资的退出行为，实现基金的投资安全和保值增值的目标，国投创益建立了全面的退出管理制度（见表 32），明确了各部门的管理职责，形成了“退出规划制定与备案—退出规划执行—退出规划执行情况监督—退出偏离情况分析”的退出体系。该阶段，国投创益加强了对所有信息收集完毕的要求，并要求对材料进行定期更新，以及配合第三方鉴证机构提供完善的鉴证材料。项目管理退出流程如图 63 所示。

表 32 国投创益退出管理制度

退出规划制定与备案	项目团队应当于每年末基于项目投决阶段的退出预期及内外部环境的研判分析，合理制定项目全周期的退出规划，明确未来各自退出时间、退出金额、退出渠道/方式、退出比例以及实现的收益率等情况，退出规划应当报投后管理统筹部门备案。针对二级市场项目，应当根据规定于解禁后三十日内制定《减持方案》
退出规划执行	项目团队在项目日常管理过程中应当基于制定的项目退出规划，提前安排退出事宜，财务会计部门根据自身职责做好协同支撑工作，退出完成后应当及时更新项目占比、退出现金流、项目收益率等项目基础信息
退出规划执行情况监督	投后管理统筹部门应当根据各项目团队提交的退出规划，梳理在年度中将执行退出工作的项目，在相应退出时间节点督促项目团队开展退出工作，对于无法如期退出的项目，投后管理统筹部门应当了解原因并做好记录工作
退出偏离情况分析	在项目年度投管计划执行情况总结分析中，项目团队应当将项目退出情况作为总结分析内容之一，对项目退出进度是否符合退出规划进行分析，基于分析结果滚动更新未来年度退出规划

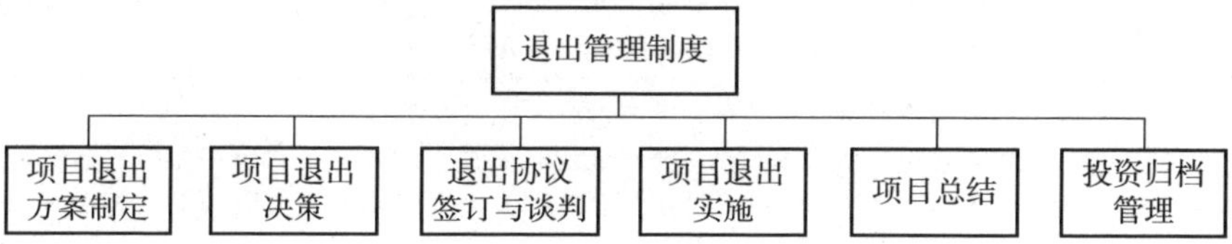

图 63 项目管理退出流程

在投后阶段，国投创益投后项目需要按年度形成被投企业行业研究分析并据此得出退出策略（见表 33）。

表 33 国投创益退出策略

资产类型	项目退出规划
参股/定增/战配项目	• 按照投资预期对项目退出进行滚动规划，针对退出节奏、退出方式、退出时间、退出金额进行规划，并及时评估退出规划偏离情况，以保障项目按预期退出 • 项目退出规划工作应当结合项目所处不同投后期间开展，在项目过渡期或稳定期应当密切关注企业的发展情况，判断未来趋势，制定较为宏观的退出规划，在项目进入退出期后，应当根据前期退出规划制定更加细致的退出规划，明确每一次退出的方案并依照计划执行退出工作
子基金项目	重点结合子基金分配情况及整体投资进展，针对基金的退出开展滚动预测

国投创益坚持市场化退出路径，坚持盈损有度，重点围绕“规划退出，回笼资金，评估收益，稳定管理”展开，一方面如果满足退出条件触

发情况，合理规划项目的退出节奏、退出方式、退出比例及退出金额，快速回笼资金，并评估计算项目收益情况，对比预期是否达成；另一方面根据项目性质的转换，及时调整项目的管理策略，保证项目继续保持平稳管理，直至项目完全退出；若项目出险或引发诉讼，应执行必要流程，以做到尽职免责，并跟进风险应对及诉讼进展。

针对项目退出中可能遇到的问题，国投创益明确了其解决方法和处理流程，具体问题及相关指引见表 34。

表 34　国投创益项目退出问题应对指引

项目退出问题	问题处理指引
无法出具审计、评估报告	• 回购方拒不配合——提起诉讼/仲裁，诉请回购义务人按照保底价格受让基金股权并支付股权转让价款，并考虑诉中申请对投资企业实施司法评估 • 客观障碍——寻求回购义务人按照约定价格回购基金股权并支付股权转让价款，如回购人拒绝，参照上条执行
投资款分批缴纳，款项未拨付	• 清查投资企业债务，掌握基金可能被追偿的风险 • 在退出协议中明确基金已无出资义务，回购义务人承担相应实缴出资义务，设定基金的追偿权并由回购义务人提供担保，或回购义务人在基金退出时缴齐基金未实缴出资
新三板股权转让问题	遵守国有资产管理的相关规定，履行资产评估、进场交易等程序，并依据成交结果通过股权转让系统交易支持平台办理股份交割手续
工商变更需出具产权交易凭证问题	退出方案设计过程中应事先与投资企业工商登记部门沟通，明确股权变更登记要求

与此同时，在退出时关注项目是否出险，并及时进行项目复盘，关注项目结果是否达到投前预期，并总结投资得失的经验教训，进一步补充完善投前对项目的尽调要求和筛选标准，尽可能降低投资风险；同时总结投资经验，优化投资策略、手段和工具。

经过全面的退出管理，国投创益取得了较好的结果。截至 2022 年 12 月 31 日，国投创益通过多样化渠道累计有退出项目 110 个，占累计拨付项目的 48%；累计回收资金 159 亿元，占累计拨付资金的 31%。

人物故事

走在田间地头的“财神”——张真

2020年，时隔4个月，张真又恢复了高频出差的工作节奏。这次他花了三天时间去贵州某贫困县调研，交通往返就占了一天半的时间，飞机到市中心后，再坐六个小时的汽车奔赴贫困县。“我有一大堆材料可以在路上仔仔细细地看，能不受打扰地思考一些事情。”张真早已适应且能高效地利用这样的时间段。

2020年一场突如其来的“黑天鹅”事件打乱了所有人的计划，受新冠疫情的影响，张真负责帮扶的贫困地区和投资企业也遭遇了相当大的冲击。由于需求大幅下降，企业的营业收入和利润整体下滑。

张真在加入国投创益之前，在一家农机企业做管理，由于有着工科及商科的复合背景，专业知识扎实，且一路从基础岗位、技术专家做上来，对工作早已驾轻就熟。“晚上7点下班到家，还能帮妻子洗洗菜刷刷碗，周末经常带着孩子和家人去郊游，每周保持3次踢球运动，生活非常规律。”张真描述那时的生活，语气里有一丝怀念，但上进心强的他认为已经在“舒适圈”待了很久，是时候寻求突破了。

张真果断转换赛道，做了十几年的实业后开始接触投资行业，于2017年加入国投创益。当时，公司领导对他提出“既要坚持投资的扶贫效果，又要保证基金的保值增值和有效退出”的要求。这对于刚刚接触产业扶贫投资的他来说是难以理解的。“这一切对我来说都是全新的开始，往前走就是了。”张真还是答应了下来。

从“零”开始

尽管已在实业做了数年管理工作，张真来到国投创益后依旧保持着“好学生”的姿态，随时吸收新知识，虚心向领导同事以及合作伙伴学习项目管理经验。一个项目往往拥有近千页纸的项目背景、公司调查报告以及专业机构鉴定报告等资料，张真慢慢练出了短时间内从纷乱的全局信息中迅速抽丝剥茧抓取痛点的技能。张真介绍道："国投创益人是一群嗅觉灵敏的投资人，快速跟进项目是我们共同的工作要求，我们团队秉持着严格筛选、果断止损的原则，筛选出来的项目成功率几乎是市场上平均成功率的2倍。"

2020年是脱贫攻坚的收官之年，突如其来的疫情出乎所有人的意料。张真在2019年底的工作规划中，计划一方面做好已投资的9个项目的投后增值服务工作；另一方面加大项目开发力度，重点开发能为"三区三州"、最后未摘帽的52个贫困县等深度贫困地区带来就业、税收、产业发展等效益的优质项目。但疫情限制了出差，原本需要去当地走访调查的各个项目只能采取云端办公，通过视频或者电话了解项目情况。"在家待了100天，依旧是'007'的工作模式，筛选了100来个商业计划书，立项项目做了4个。"张真不认为疫情影响了他们的工作进程，"不过难度加大了，以前可以通过实地走访调查获取一手信息资料，疫情期间我们只能通过书面资料和电话视频访谈去判断。"

最终，疫情期间立项的4个项目也没能落地。张真已经习惯了这样严苛的机制，"每年要看近千份商业计划书，通过资料整理、数据收集和案头分析，从中挑选出值得去现场考察的企业可能只剩下百余家，而其中能通过'54321'商业尽调并最终实现投资的项目寥寥无几"。

打造"产业循环"

加入国投创益第二年，张真接触到合作伙伴推荐的贵州国台酒业公司Pre-IPO项目，看完相关资料后，张真认为如果运作得当，这将是一个优质项目。然而在初步电话沟通中，对方对于产业扶贫不甚了解，甚至将其与慈善捐款概念混淆，回复道："我们已经有类似项目了，每年都向公益组织捐款扶贫。"

张真遇到过很多次类似的误解，包括家人和朋友也曾误认为他的工作是慈善性质。面对对方的误解，张真争取到了一次沟通的机会后，直接订了机票飞过去。电话沟通的第二天上午，张真和团队就出现在了国台酒业的会议室。通过2个小时的会议，张真敏锐地察觉到相较当地著名酒厂，国台酒业面临着上游采购酿酒原料红高粱数量、质量和渠道波动大、不稳定等问题，对企业的生产经营和稳定发展造成了不利影响。

会议结束后，张真向国台酒业负责人建议，将产业基金定向投入某国家级贫困县，与企业合作在该县建设红高粱收储基地，这样既解决了原料质量和价格波动问题，又能结合脱贫攻坚，带动贫困县农户致富，同时也会对企业申请IPO帮助很大。当天下午，国台酒业就同意与产业基金进行合作。

虽然初步拿下这个项目，但张真仍不敢松懈，马不停蹄地回到北京，继续与团队开会，研究寻找适合种植红高粱的国家级贫困县。这个贫困县的选择既要距离国台酒业集团近以便节省交通成本，又要确保当地政府和民众有较强的意愿和执行力。

第一年通过艰难的谈判，当地有1.64万亩农田转种红高粱。其中大部分还是由乡村干部带头种植的。在收粮时，张真建议当地投资企业在过磅质检合格后向交粮农户现场点钞，树立口碑。当年收粮结束后，当地农户签订种植合同面积达4万多亩，签约农户有5506户，其中建档立卡贫困户就有804户、4000余人，预计2020年可为农户增收4000万元，带动人口超过2万人，真正实现了“产业基金+企业+贫困地区资源+贫困人口”的产业扶贫模式和利益联结机制。

国投创益充分考虑ESG因素，将ESG纳入退出管理的流程之中，实现充分兼顾回报及影响力可持续发展的综合退出方案，将ESG绩效表现作为触发退出的条件之一（见表35）。退出项目类型分布见图64。

表 35 国投创益退出要点

做好投资退出衔接	国投创益坚持市场化运作、专业化管理，通过退出进程管理、节点定期调度、进度更新等方式，细化项目退出路径和方案，努力实现预期退出收益
优化退出标准	将投资项目 ESG+指标结果以及带动效果作为触发退出条件。制定充分兼顾社会效益和经济效益的综合退出方案，按照应退则退、能退则退的原则，退出乡村振兴成效与 ESG 指标表现不及预期的项目

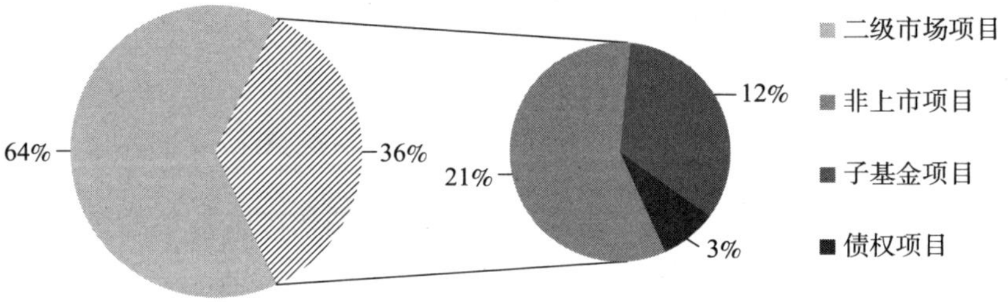

图 64 国投创益退出项目类型分布及占比

第四篇

国投创益影响力投资案例选编

习近平总书记强调，全面实施乡村振兴战略的深度、广度、难度都不亚于脱贫攻坚。近年来，国投创益以服务乡村振兴为己任，以 ESG+乡村振兴影响力投资管理体系为依托，持续提升市场化运作和专业管理能力，凝聚各方面力量，从更大广度、更深程度、更高层次支持欠发达地区发展，高质量推进乡村振兴。以资源开发、新型城镇化发展，产业园区建设为投资方向，以清洁能源、现代农业、先进制造、新能源应用、矿产资源等为重点投资领域，重点关注现代农业、矿产资源、清洁能源、医疗健康、商贸流通、数字乡村、先进制造、文化旅游、教育、金融、现代农业产业园区等产业，通过促进更多蓬勃发展的新行业发展，将经济发展红利带向广大欠发达地区。

一、科技助农，推进农业生产力提升

农业作为国民经济中的重要产业，关乎着人们衣食住行中最重要的环节。农业的发展也关乎着农村经济发展，成为原贫困地区脱贫最基础的产业之一。现代农业以提高土地产出率、农业劳动生产率为基础，依托科技发展，表现出商业化、规模化、专业化等特征。国投创益要实现农业现代化发展，就要更多地依托科技改进生产方式，推动农业生产力实现发展。

案例一　中国高效肥倡导者——心连心化肥

心连心

土壤是农业的根基，耕地质量是粮食安全的基本保障。科学施用肥料可以提高土壤肥力，促进作物的生长，提高农业生产力。化肥行业是稳定农业生产的重要支点，国投创益投资了化肥创新龙头企业——河南心连心化肥助力农业发展。

中国心连心化肥有限公司为香港联合交易所主板挂牌上市企业，河南心连心化学工业集团股份有限公司是中国心连心有限公司的控股子公司。企业本着“总成本领先、差异化竞争”的发展战略，做强做大化肥主业，确保化肥主业的优势和行业领先地位。同时依托河南、新疆、江西等地区资源，适度发展新能源、新材料等化工产品，总体形成“以肥为基、肥化并举”的产业发展格局。

心连心化肥拥有我国首个国家级氮肥研发中心和全国性高效农业服务中心，连续10年被中国石油和化学工业联合会授予“能效领跑者标杆企业（合成氨）”称号。同时心连心化肥建造了国家级绿色工厂，生产装置全部采用新型煤气化技术；成立了水肥一体化工程技术研究中心；建设了博士后科研工作站，大力推动产研一体化进程。

2021年，受洪灾影响，周边农作物减产严重，公司启动“抢救良田重建家园”专项援助活动，对卫辉市、新乡县、淇县、长葛市、浚县、中牟县、扶沟县等8个县（市、区）捐赠价值1220万元的高效肥及所需物资，派遣专业农化服务团队对受灾地区农民进行种植指导，努力降低农民损失，帮助灾区群众恢复生产。

企业荣誉：

• 第一批合成氨污水零排放企业

• 第一批实现锅炉超低排放的化肥企业

• 河南心连心化学工业集团股份有限公司荣获第七届“中国工业大奖提名奖”

• 2022中国化肥企业100强

案例二　本色用纸理念开创者——四川环龙新材料

斑布BABO®

国投创益投资企业——四川环龙新材料有限公司，以创新的竹纤维精炼技术及其应用为核心，集竹纤维材料及产品的设计研发、生产制造与品牌运营于一体，实现竹产业生物质全价值循环利用，成为绿色生态产业的领军企业。

北纬30°不仅孕育出了许多奇特的风景，也孕育了独一无二的竹林。环龙新材料总部位于四川成都，主要业务是以竹子为原料制造生活用纸，以创新的竹纤维精炼技术及其应用为核心，不断扩展竹材料应用范围、提升竹产业价值，实现竹产业生物质全价值循环利用。四川多竹，以竹为原料造纸，这是对本地自然资源的充分利用；竹子造纸的过程中没有污染，不像木材造纸污染大；斑布的纸都是原色纸，不用漂白，也有利于环保。

公司致力于新材料产品的研发，以竹纤维纸品为切入点推动产品应用延展，围绕竹材料扩展产品品类；公司首个产品品类——“斑布”本色生活用纸，经过5年的发展已成为国内第五大生活用纸品牌，开创了竹纤维本色生活用纸的理念，是国内唯一集竹种研发、制浆、造纸、加工、品牌运营于一体的生活用纸品牌。

面对巨大的国内生活用纸市场，公司坚持“品牌向善，科技创新”的核心理念，全面启动以消费者为核心的品牌战略升级，加大产品创新，在后疫情时代先后推出抑菌系列、亲子系列、经典系列等新品，促进了“内循环”。与此同时，公司积极发展新赛道，提升业务发展动能，成为中国第一家自有品牌占领美国大型渠道的生活用纸品牌，产品出口到美国、澳大利亚、丹麦、新加坡等多个国家。中国优秀的竹文化对国外消费者极具吸引力，斑布以优秀的品质和具有竞争力的价格赢得了消费者的喜爱，实现了国际国内“双循环”相互促进的新发展格局。

国投创益于2020年领投该公司之后，公司在四川省青神县投资建设20万吨生产线，带动了当地就业和产业发展。斑布生产基地位于四川安县、青神县，安县为革命老区县，采购范围覆盖四川主要慈竹产区。公司团队已联合青神县瑞峰镇尖山村、天池村及周边贫困农户创建“青神县龙大农民林业专业合作社”，开展竹林基地建设工作，组织、培训当地农户，按照标准种植、抚育、浇灌、施肥，按照竹林丰产技术指南严格执行竹林种育。目前，公司已经建成自有竹林近4000亩，并在该地区形成了近3万亩竹林基地的青神小竹海。公司直接与农户签订购销合同，进行定向收购，带动竹产业发展，惠及当地17万农户。

企业荣誉：

• 凭借“斑布竹本色纸品及其制备方法”项目获第四届“中国林业产业创新奖”

• 入选第四批国家林业重点龙头企业名单

• 四川环龙新材料有限公司入选“第六批农业产业化国家重点龙头企业名单”

• 入选“农业产业化国家重点龙头企业名单”

案例三　陇原白酒龙头，打造乡村振兴共富样本——金徽酒

金徽酒作为甘肃省知名白酒企业，在自身发展的同时，通过带动就业、盘活产业链、建设美丽乡村、发展乡村旅游等多种措施，全力做好巩固拓展脱贫攻坚成果与乡村振兴有效衔接相关工作，发挥龙头企业作用，带动当地产业发展，打造乡村振兴共富样本。

“工业反哺农业、企业带动脱贫”，对金徽酒来说不仅是一个口号，更是实在的行动。作为甘肃省特色酿造产业链链主企业，金徽酒扩大生产规模，为秦巴山区累计提供就业岗位3000余个。金徽酒与徽县水阳乡、永宁镇、银杏镇、伏家镇等乡镇的农业专业合作组织协议定点保价种植，带动当地农户发展农业生产，增加群众收入。不仅如此，金徽酒将酒糟回收整合，出售给养殖户做饲料，构筑绿色酿酒生态圈，促进当地畜牧养殖产业发展。此外，金徽酒在原粮收购、原材料供应、企业合作等方面向原贫困地区、原贫困家庭、原贫困人口侧重，提升原贫困地区群体收入。金徽酒与甘肃当地8万多家门店签约，搭建遍布全省城乡的营销网络，对乡镇门店管理、销售等方面进行重点扶持。通过与当地物流企业合作，金徽酒委托1000余辆社会车辆运输原辅材料和成品酒，带动2000多人就业。为积极响应政府号召，金徽酒资助50余万元用于县城徽州夜市摊点建设和改造工作，新建的徽州夜市可提供50余个摊位，为上百人创造就业和创业机会，带动当地特色餐饮业的发展。

2019年，国投创益与金徽酒达成合作，投资1.5亿元，助力金徽酒在甘肃开展产业帮扶工作。金徽酒以生态与绿色结合为标准，将金徽酒文化生态旅游景区打造成了国家AAAA级旅游景区，并免费对外开放；2020年

为疫情防控捐赠300万元，联合复星基金会为陇南暴发洪灾后重建捐款500万元，帮助灾区渡过难关、助力灾后重建。

企业荣誉：

- 国家级绿色工厂
- 国家AAAA级旅游景区
- 全省工业旅游示范企业

案例四　助力打好种业翻身仗——隆平生物

粮安天下，农稳社稷。一粒种子，关系着国家粮食安全主动权。十几亿人口要吃饭，这是我国最大的国情。党的十八大以来，党中央把粮食安全作为治国理政的头等大事，确立了以我为主、立足国内、科技支撑的国家粮食安全战略。受生物育种技术及产业化发展水平低等影响，我国玉米亩产约为美国的54%，大豆亩产约为美国的60%，2021年我国大豆进口依存度达到85.5%。2021年以来，支持中国种业发展的一系列政策密集出台。从顶层设计出台种业振兴行动方案解决“卡脖子”问题，锚定国家安全；到完善制度安排，《种子法》修正加大知识产权保护力度，鼓励原始创新；再到明确技术方案，生物育种产业化政策全贯通放行转基因，铸造农业重器。

种子是农业的“芯片”，是现代农业发展的生命线。从“十三五”时期开始，国投创益领导班子、各部门与团队开展了深入调研，走访了国务院发展研究中心等研究与咨询机构，深度调研种业头部企业，开展了一批专题咨询和课题研究，从服务国家战略的定位出发，论证以投资推动种业发展的着力点，明确了以生物育种为核心的投资方向和投资策略，为在“十四五”规划开局之年，也是我国生物育种“元年”，快速完成包括隆平生物在内的生物育种全行业投资布局，筑牢了基础。

隆平生物是由国投创益管理基金相对控股，袁隆平农业高科技股份有限公司和隆平生物团队共同出资组建，多个大型投资机构战略投资的国内生物育种领军企业。研发团队由中组部“重点人才计划”专家、省市杰出青年科学家等核心骨干高科技人才组成，聚焦玉米、大豆、水稻等主粮作物生物育种等关键“芯片”技术。隆平生物扎根“南繁”基地，利用海南省独特的气候优势，实现一年四季不间断生物育种及技术创新，助力国家打赢“种业翻身仗”，服务国家粮食安全战略。

2021年6月16日，国投创益投资隆平生物。投资后，国投创益在公司治理、运营管理、股权激励、信息化建设、党建工作等方面，为隆平生物深度赋能，为公司科研团队提供全面保障，使之心无旁骛开展种源“卡脖子”技术攻关、实现弯道超车。

目前，隆平生物已搭建分子生物学、遗传转化、性状分析及一年四代回交等技术平台，专注于玉米、大豆等主要农作物精准生物育种及关键农艺性状改良，利用三亚的独特气候与自然环境优势开发出具有自主知识产权的功能基因及作物新品种。经过努力，隆平生物拥有了丰富的产品线，目前已推进至生产性试验申报阶段的一代核心产品 LP007 技术理念先进，为 4 基因分子叠加抗虫抗除草剂玉米，同时含有 3 个抗虫基因，1 个抗除草剂基因，抗虫谱更广，耐受除草剂高达 8 倍，是目前这个领域最先进的产品之一。创办以来，隆平生物团队获得 45 项国家发明专利授权，在审发明专利 25 项，公司多个核心产品计划于 2023 年前完成全部法规安全评价试验并取得农业农村部安全证书，其产品和服务遍布全国几乎所有玉米种植欠发达地区，预计服务玉米种植面积超过 1 亿亩，将极大地带动中国农村地区，尤其是北方玉米主产区的农民增收。在国投创益的支持下，隆平生物将进一步充实研发实力，加快科技创新，不断提升中国企业在国际市场的竞争力和话语权。

企业乡村振兴成效：

- 国际领先的多基因分子叠加技术
- 获得38项国家发明专利授权，在审发明专利15项
- 预计服务玉米种植面积1亿亩以上，助力农民增收

二、布局畜牧养殖业，带动区域经济发展

畜牧养殖业是现代农业产业体系中的重要组成部分，对保障食物有效供给、增加农民收入、促进乡村振兴、推进农业现代化具有十分重要的现实意义。国投创益积极布局畜牧养殖行业，通过特色帮扶模式，带动地区经济发展。

案例五　助力禽类产业发展——益客食品

家禽行业是涉及众多养殖场（户）的民生行业，随着我国居民生活水平的不断提高，膳食结构的改善，追求安全、健康、营养日渐成为食品消费的主流。禽肉产品因其高蛋白质、低脂肪、低胆固醇、低热量、营养价值高等特点，在满足居民动物蛋白需求方面发挥着重要作用。

江苏益客食品集团（股份）有限公司（以下简称益客食品）是一家融种禽养殖、饲料生产、禽肉加工为一体的产业链型农牧食品企业，是国内最大的肉鸭加工、第二大禽肉加工企业，是中国大型禽类食品龙头企业。益客食品成立于2004年10月，位于国家级扶贫改革试验区江苏宿迁市，是中国领先的、成长速度最快的大型农牧食品集团之一，中国肉禽供应企业前三甲，业务贯穿家禽（肉鸡、肉鸭）品种繁育、种禽养殖、饲料、屠宰、调理品、熟食连锁等全产业价值链，年加工肉禽近3亿只，饲料产能75万吨。拥有近600家熟食连锁门店，在山东、江苏设有60余家产业基地与研发中心，年营业收入超150亿元。2022年1月18日，益客食品正式在深圳证券交易所创业板挂牌上市。

业精于“禽”，益客食品在禽类食品产业深耕10余年，形成了高品质的全系产品供应能力，符合中国烹饪口味的特色整禽、安全快捷的生鲜禽肉、

稳定供应的冷冻产品、顺应新消费需求的调理品以及600余家极具地方口碑的爱鸭熟食连锁，服务全国2000多家优质客户，获得中国优秀食材供应商、中国团餐好食材、十大品牌供应商、十大国宴菜品等美誉，成为盒马鲜生、叮咚买菜等新零售的主打产品，海底捞、麦当劳等大型餐饮的重要合作伙伴，并满足安井、双汇、周黑鸭、绝味等知名品牌的大量稳定需求。

作为农业产业化国家重点龙头企业，益客食品顺应国家农业食品与科技发展战略，满足消费者日益增长的对食品安全、健康、快捷的期待，满足客户对高效、稳定的供应链的需求，着力将"科技益客"列为重大发展战略，逐步构建禽肉加工技术、原料检测评估、微生物技术、新品种选育等八大技术保障体系，并建有"畜禽养殖污染控制与资源化技术国家工程实验室""国家水禽产业技术体系宿迁综合试验站""江苏省认定企业技术中心"等技术平台，有效地保障了食品安全和有效交付。

益客集团在国家扶贫开发工作重点县——河北省威县建设年出栏量2000万只的智能生态肉鸭养殖基地，对养殖农户进行资金和技术支持；在山东省级贫困县——菏泽市郓城建设年产3000万只肉鸭的智能肉鸭养殖基地；在山东省级贫困县——菏泽市鄄城建设年屠宰1800万只肉鸭项目和生态肉鸭养殖基地，建立互利合作，利润共享的工业加农业模式。益客集团平均每年带动就业超过8000人，人均年收入4.2万元；通过采购原料，带动公司所在地养殖户约7000人，其中贫困养殖户约1000人，带来人均年收入3.5万元；年平均缴纳税收2500万元。

国投创益投资主要用于支持企业在威县、郓城县、鄄城县等贫困县的项目投入。在国投创益的大力支持下，益客食品不断推动科技创新和产业进步，在自身发展的同时带动江苏、山东、河北等欠发达地区近1万家农户通过产业脱贫致富，上万名农民就地就业。益客食品建有云禽教育基地，采用"志智双扶"模式，培养农民的养殖技术和职业素养，增强其内生发展动力。通过与养殖业主合作，益客食品有效地扩大了养殖规模，保障了当地农产品供给，提高了相应区域收入水平、实现精准扶贫目标。

企业乡村振兴成效：

- 禽类产量 131.4 吨
- 种禽产量 24566 万羽
- 带动超过 20000 户农民产业致富
- 在相关区域累计投资 27105.12 万元（2021 年数据）

企业荣誉：

- 全国农产品加工业示范企业
- 全国无公害绿色食品企业
- 国家禽类智慧养殖标准化示范区
- 肉类食品安全健康行业示范企业

案例六　科技改变养猪业——扬翔股份

生猪养殖业是我国农业传统产业，猪肉和粮食一样是保障我国食品安全的基础产业，是重要的“菜篮子”产品，也是重要的民生保障产业。我国是世界上最重要的猪肉生产国和消费国，改革开放以来，受经济持续高速增长、城乡居民收入水平不断提高和食物消费结构不断升级等因素影响，我国生猪养殖行业实现了快速发展。

伴随着我国乡村振兴战略的不断推进，农村生猪养殖业已经成为农民提高收入的重要手段之一。为更好地推进农村发展，加快构建现代养殖体系，国投创益积极布局生猪养殖产业，战略投资生猪养殖龙头企业——扬翔股份，以推动特色畜牧业发展，助力生猪产业平稳有序发展。

广西扬翔股份有限公司是一家集种猪、肉猪、猪精、猪饲料、智能养猪设备、智能养猪智慧平台于一体的科技型农牧企业。秉承“科技改变养猪业”的理念，致力于用“产业+互联网”技术，打通“料、养、宰、商一体化”全产业链。扬翔股份形成了大数据、生物基因及芯片技术结合的猪基因育种技术，以自动化、智能化、数字化的产业互联网、人工智能为导向的智能养猪设备技术和以大数据技术为支撑的饲料精准营养平台技术等，将养猪成本尽可能降到最低。

扬翔股份在生产经营过程中一直坚持“以农为本，以猪为业，以猪富农”的发展方针。扬翔股份作为龙头企业，为合作社提供“六统一”服务，即统一规划、统一建设、统一供苗、统一供料、统一技术服务、统一回收产品，通过“六统一”服务，合作社平均生猪出栏存活率达95%，比全国平均水平高6个百分点；养殖效率达2.2批/年。

企业亮点：

• 助力乡村振兴参与“千企联千村　共建新农村”活动，并捐款2500万元

• 合作社平均生猪出栏存活率达95%

• 年出栏生猪385万头

三、聚焦先进制造领域，助力制造业新旧动能转换

重要产业项目是推动欠发达地区经济社会高质量发展的有力支撑。国投创益以先进制造为抓手，不断完善现代乡村产业体系，抓住我国产业转移机遇和新旧动能转换机遇，培育以县域为中心的特色产业集群，聚焦乡村产业集群建设，为全方位振兴奠定坚实基础。

案例七　中国专业采棉机制造企业——新疆钵施然

BOSHIRAN 中国专业采棉机播种机制造企业

农业机械装备是提高农业生产效率、实现资源高效利用、深化农业可持续发展不可或缺的工具，是先进制造产业的重要组成部分，对保障国家粮食安全、促进农业增产增效、带动农民增收和推动农业可持续发展至关重要。棉花收获机作为大型高端智能化农机产品，研发难度大、产业附加值高，对采净率、含杂率等关键指标有很高要求，我国采棉机市场曾经长期被进口产品垄断。

国投创益在农业机械制造行业提前布局，于2019年和2021年两次投资国产采棉机龙头企业——新疆钵施然智能农机股份有限公司（以下简称新疆钵施然），助力产品创新和基地扩建。以产业兴旺为目标，通过投资促进产业蓬勃发展。

新疆钵施然成立于2009年，是一家主营农业机械，以棉花收获机为核心，提供棉花种植全程机械化解决方案，集研发、生产、销售、服务于一体的现代化智能农机制造企业。历经10余年的研发实践和技术积累，已成为国内唯一能够同时生产3行、4行、5行和6行自走箱式、打包式棉花收获机的企业，目前在国内采棉机市场占有率第一。其自研生产的4行、6行棉花收获机填补了国产自主棉花收获机的空

白，打破了该产品长期被国际巨头垄断的局面。推动采棉机对外依存度由100%下降至16%，大幅提高采棉效率，降低棉农种植成本，有效地提升了农民收入。获得“高新技术企业”“自治区级绿色工厂”“扶贫先进单位”“科技创新先进企业”“国家级专精特新小巨人”等称号。为响应乡村振兴战略，新疆钵施然在新疆阿克苏地区沙雅县投资设立了全资子公司沙雅钵施然，带动地区经济发展，促进当地居民就业增收。

企业亮点：

- 钵施然采棉机市场份额占比达45.2%，推动对外依存度下降至16%
- 拥有完全自主知识产权的各项专利125项

案例八　通航发展引领者——贵州中航重机—安大航空

航空工业贵州安大航空锻造有限责任公司始建于1966年，占地面积60万平方米，职工1200余人。拥有各类大重型锻造、机械加工、热处理及理化检测试验设备近千台，总资产20亿多元，年产值超过15亿元，已成为享誉国内外的特种锻造企业、国内最大的精密轧制和特种锻造基地。公司始终坚持科学发展，致力于技术创新、管理创新，近等温锻、环轧件精密轧制、闪光焊等技术在同行业保持领先，创造了多项中国企业纪录。目前拥有国家级、省部级科技成果150余项，申获专利120余项，获全国五一劳动奖状、全国守合同重信用单位、中航人才工作先进单位、中航知识产权先进单位，贵州省高新技术企业、贵州省创新型企业、贵州省知识产权示范单位及贵州省知识产权优势培育企业等荣誉称号。成为难变形材料锻造技术研究应用中心、国家博士后科研工作站、国家/国防/NADCAP实验室、国家高新技术企业、国家引进国外智力成果示范推广单位。

安大航空作为安顺市重要龙头企业，与周边下游企业（机加配套）形成了紧密的合作，具备较强的产业带动能力。企业是贵州省脱贫攻坚先进集体，公司派驻安顺市西秀区黄腊乡玲珑村的第一书记葛敬山被评为贵州省脱贫攻坚优秀共产党员，还先后获航空工业通飞扶贫工作先进个人和中航重机扶贫工作先进个人荣誉称号。

企业荣誉：

- 2019年，公司上榜单项冠军培育企业（第一批）名单
- 2021年，公司被表彰为“贵州省脱贫攻坚先进集体”
- 2022年，公司被确定为国家知识产权优势企业

四、关注清洁能源，成就蔚蓝天空

向低碳发展模式转型是人类应对气候变化的必由之路，大力发展清洁能源产业，对调整能源结构、推进能源生产和消费革命、促进生态文明建设具有重要意义。

我国“十四五”规划中，水电、风能等清洁能源扮演着重要角色。目前，我国水力发电行业已进入平稳增长期，风电产业也被列为国家战略性新兴产业之一。国投创益立足于欠发达地区资源开发、推动新经济发展红利共享，践行“绿水青山就是金山银山”的理念，围绕国家战略，积极探索布局能源环保等新产业，投资了青海黄河水电、中广核风电、新疆新华、明阳智能等清洁能源产业链企业，在风电、光伏、水电、核电、生物质发电等细分领域清洁能源规划装机总量累计达 9849.55 万千瓦，实现了“多增绿”促进“多增收”。

案例九　可持续利用水资源，助推水电转化——青海黄河水电

黄河上游水电资源开发是西部大开发、西电东送战略的重要组成部分，也是西北电力发展的龙头工程和跨区联网的重要支撑。随着西部大开发战略的深入实施，加快开发黄河上游梯级电站的战略意义日益显著。加快开发黄河上游水电资源的滚动开发，对于优化西北电力结构，实现资源优化配置，将资源优势转化为经济优势，促进西部大开发和沿黄九省区的经济发展，加强环境保护和可持续发展战略，实现“全国联网、西电东送、南北互供”的战略构想，具有十分重要的意义。

青海黄河上游水电开发有限责任公司（以下简称青海黄河水电）成立于 2008 年，经营范围为电站的开发与建设、电站的生产和经营、硅产品和太阳能发电设备的生产和销售、电解铝及铝型材的生产销售和进出口贸易

等。青海黄河水电自成立以来，积极加快黄河上游水电资源和新能源开发，延伸分布在青海、甘肃、宁夏、陕西等省（区）的上下游产业链，拥有黄河上游龙羊峡、拉西瓦、李家峡、公伯峡、积石峡、大通河流域、陕西嘉陵江、西藏波罗等水电站18座，正在开发建设黄河龙羊峡以上河段梯级电站。此外，青海黄河水电在青海、甘肃、宁夏、陕西等地开发光伏电站项目和风电项目，已形成新能源装机规模1237.80万千瓦；推进青海省两个千万千瓦级可再生能源基地建设；在青海西宁建成年产3300吨电子级多晶硅、1.2亿片硅片、60万吨电解铝和30万吨碳素项目；在西安、西宁两地建成年产太阳能电池1100兆瓦及组件625兆瓦生产线。

青海黄河水电获得“全国五一劳动奖状”“中央企业先进集体”“企业信用评价AAA级信用企业”等多项荣誉称号，并连续多年荣获“青海省财政支柱企业”称号。2010年8月，青海黄河水电被中共中央、国务院、中央军委授予“全国抗震救灾英雄集体”荣誉称号，并且是“全球新能源企业500强和中国十大储能运营商”之一。

国投创益通过基金投资10亿元，用于海南州、海西州等欠发达地区的大型清洁能源基地建设，一方面助力青海地区产业发展，增加当地人民和政府收入；另一方面助力国家实现“双碳”目标，实现良好社会效益。青海黄河水电承担7县19村的扶贫援助工作，包括2个省级定点扶贫村，2个市州级定点帮扶村，10个集体经济“破零”帮扶村，5个“高原美丽乡村”共建村。自2012年以来，青海黄河水电累计投入资金11587.5万元，累计实施项目96个，涉及无电区光伏电站建设、基础设施建设、旅游产业发展、养殖业发展、教育扶贫、医疗救助等内容，惠及37.4万人。在产业带动方面，青海黄河水电建设管理始终处于国际领先地位，公司坚持绿色低碳发展，清洁能源占比达93%，每年可替代标准煤1706万吨，减少二氧化碳排放3758万吨、二氧化硫排放125万吨。同时，随着黄河上游梯级水电站相继蓄水，龙青河段增加600平方公里的湿地面积，保护青藏高原脆弱的生态环境。梯级水库的联合调节，减少了下游防洪、防凌压力，为实现黄河连续不断流和沿黄工农业发展作出突出贡献。

企业荣誉：

- 吉尼斯世界纪录：龙羊峡水光互补发电站
- “全国五一劳动奖状”
- “中央企业先进集体”
- “企业信用评价AAA级信用企业”

案例十　投资风能光伏新能源，助推绿色“双碳”新经济——中广核风电

中国广核集团于2007年正式开始新能源业务，历经10余年绿色发展，新能源业务已成为支撑集团发展的重要支柱产业，全面覆盖风电、太阳能、水电、燃气、热电联产等类型。国投创益受托管理的中央企业乡村产业投资基金，投资了中广核风电有限公司（以下简称中广核风电），中广核风电主要从事风力发电项目的投资、开发、建设、管理，风电产品、设备及零部件的销售及风电项目的咨询服务等业务。截至2022年底，中广核风电在运控股总装机容量突破3500万千瓦，总资产达2884亿元。中广核风电在发展速度、发展质量等指标上全面占优，综合实力排名国内同行业前列。

企业与国投创益合力打造清洁能源产业扶贫平台，创新扶贫模式，设立中广核创益风力发电（北京）有限公司，打造总投资98.94亿元、总装机容量160.83万千瓦的清洁能源产业扶贫平台，在广西、四川等8个省（区）的12个原国家级贫困县，建设17个风力发电和光伏发电等项目，助力困难群众精准脱贫。承接新疆阿勒泰、青海贵德、贵南无电地区建设任务，让新疆、青海无电区群众永远告别酥油灯照明。

中广核风电致力于提供清洁及可再生能源，秉持“发展清洁能源，建设美丽中国”的使命，继续加大新能源投资力度，将可持续发展的理念注入发展电力行业之中，在提供稳定电力供应的同时，准确把握国家实现“碳中和”目标的发展机遇，为社会创造价值。

中广核风电积极响应国家脱贫攻坚、乡村振兴战略，有效利用资源禀赋，大力支持欠发达地区经济发展，驱动社会可持续发展。在广西百色乐业县，中广核风电公司发挥创新精神，通过建设中广核乐业风电产业帮扶

项目，带动地方经济发展。该项目系“央企入桂”重大项目，总投资12亿元，是乐业县建县以来最大工业项目。项目总装机容量172.2兆瓦，于2022年10月14日全容量投产。项目采用“入股分红+增股分红+保底收益”模式，为63个村集体每年分红超290万元，惠及乐业县63个村11万人口。项目分红资金优先用于帮助发展村集体产业，壮大村集体经济，持续造血，化自然的能量为脱贫的力量，以长效机制帮助乐业县长期稳定脱贫和可持续发展；项目充分发挥综合带动作用，实现新能源产业增值。项目每年可向乐业县贡献税收约2000万元。项目打造了千亩“风车花海”生态景观，为乐业旅游业发展增添新活力，将清洁能源、旅游、种植业有机整合，大举提升资源利用价值。项目推动了乐业县电网配套设施建设，保证了供电稳定性，不仅为乐业县经济发展提供了电力支撑；项目投运后，发电效益超预期，项目一期首年分红458万元，平均每个村集体增收超7万元，二期预计每年向乐业县分红50万元，有效推动乡村资源增值，实现经济效益、社会效益、生态效益的有效统一。

中广核风电全国排名第六，实现风电行业的“六个第一”：

• 中标了我国第一个最大的风电特许权项目——内蒙古锡林郭勒盟灰腾梁30万千瓦风电场

• 参加了我国第一个百万千瓦风电基地——张家口风电基地的建设

• 参加了我国第一个千万千瓦风电基地——酒泉风电基地的建设

• 参与了我国第一个大型海上风电项目——上海东海大桥 10 万千瓦海上风电示范项目的建设

• 参建了国家第一个分散式示范项目——新疆哈密分散式示范项目

• 实现了央企第一个全内资海外风电项目——澳大利亚 ML 风电项目的建设投产

企业乡村振兴成效与企业经营亮点：

• 承接新疆阿勒泰，青海贵德、贵南无电地区建设任务，解决了当地 35540 人的用电问题，让新疆、青海无电地区人们永远告别使用酥油灯照明的时代

• 承接兴安盟 300 万千瓦革命老区风电扶贫项目建设工作

案例十一 专注清洁能源，建设美丽中国——新疆新华

国投创益投资的新疆新华水电投资股份有限公司（以下简称新疆新华）专业从事传统水利水电、抽水蓄能投资开发、建设管理、生产运营等业务。

新疆新华，立足新疆，辐射全国，致力于为社会提供绿色、低碳、环保的电力产品。秉承开放发展和系统思维，坚持产业与资本“双向循环”战略部署，以“常规水电站+抽水蓄能水电站”双轮驱动模式，推进水电高质量、大规模发展，切实助推“双碳”目标的实现。新疆新华累计完成固定资产投资300亿元，已发展成为新疆维吾尔自治区内最大的水力发电企业。

新疆新华积极响应国家脱贫攻坚、乡村振兴战略，采取产业扶贫、生态扶贫、基础设施扶贫等不同模式开展精准扶贫，创新提出“扶贫七法”的工作路径，为打赢脱贫攻坚战夯实基础。通过阿尔塔什水利枢纽工程的建成投产，新疆新华实现了让叶尔羌河两岸人民告别千年水患，打造“高峡出平湖”的壮景。

该工程建成后，在保证向塔里木河生态供水3.3亿立方米的前提下，将叶尔羌河下游一般防护对象防洪标准从不足2.5年一遇提高到20年一遇，将重点防护对象防洪标准从20年一遇提高到50年一遇，多年平均供给叶尔羌河灌区灌溉用水51.6亿立方米。仅阿尔塔什水利枢纽项目，每年可产生防洪社会效益价值1.24亿元、灌溉社会效益价值0.78亿元。

企业经营亮点：

• 平均每年可为电网提供清洁电能 75.82 亿度，年节约标准煤约 227.46 万吨，减少二氧化碳排放量约 606.56 万吨

案例十二　创新清洁能源，造福人类社会——明阳智能

国投创益投资的明阳智慧能源集团股份公司（以下简称明阳智能）主要从事新能源高端设备、大兆瓦级风机、建筑光伏及核心部件的开发设计、产品制造、运维服务、新能源投资运营等业务。

明阳智能坚持走绿色发展、生态优先的发展道路，致力于能源的绿色、普惠和智慧化；立足于风机制造主营业务，在紧凑型半直驱技术路线上进一步深耕，引领全球机组大型化进程；巩固海上风电技术优势，实现中国首台漂浮式风机成功并网发电；深度布局风、光、储、氢全产业链；探索风电后市场服务和海外市场，实现在欧洲和东南亚等海外市场的规模化销售。

明阳智能积极响应国家脱贫攻坚、乡村振兴战略，以产业扶贫、就业扶贫和扶贫扶智三位一体的扶贫路径，实现新能源扶贫，助力乡村振兴。

通过在甘肃、吉林、青海、内蒙古、新疆、云南、广西、贵州等欠发达地区投资建设产业基地或新能源项目，达到产业链集聚效应，提升当地产业吸纳就业的能力，并在新能源产业扶贫攻坚中留住了绿水青山，为当地及其周边地区的发展发挥了积极的推动作用。

企业荣誉：

- 入选“2022 福布斯中国可持续发展工业企业 TOP50”名单
- 2021 年全球海上风电创新排名第 1
- 2021 年全球风电厂商排名第 7
- 2021 年 WINDPOWER MONTHLY 年度最佳风机 TOP 榜单
- 全球 4. 6MW 以下最佳陆上风电机组第一名——MySE4. 0—166 机型
- 全球 4. 6MW 以上最佳陆上风电机组第三名——MySE6. 25—182 机型
- 全球最佳传动系统第二名——MySE16. 0—242 机型齿轮箱
- 全球最佳风电叶片第二名——MySE16. 0—242 机型配套 118 米风电叶片

企业经营亮点：

- 2021 年实现中国首台漂浮式风机成功并网发电
- 2021 年风机电组对外销售 6. 03GW
- 每年减少二氧化碳排放约 4200 万吨
- 每年再造森林约 2300 万立方米

案例十三　农光互补产业典范——顺宇洁能科技

顺宇洁能科技有限公司（以下简称顺宇洁能科技）主要从事太阳能资源的综合开发利用，以太阳能电站的投资、收购、建设及运营为主业。

顺宇洁能科技顺应光伏行业的发展趋势，始终专注太阳能的综合开发利用，以太阳能电站的收购、投资、建设及运营为主业，大力发展地面电站、分布式电站、屋顶光伏电站、农业大棚光伏、渔光互补项目，积极探索新农村建设及城镇化建设相结合的发展模式，紧跟光伏、光热、储能、光伏充电站、高转换率材料等前沿技术发展趋势。截至2022年，公司共投资18个项目，建成电站20多座，装机容量超过800兆瓦，在建项目和储备项目若干，分布在北京、河北、山西、内蒙古、山东、辽宁等地。其投资的隰县项目位于山西省临汾市隰县黄土镇黄土村，繁峙县项目位于山西省东北部。国投创益通过基金投资2亿元，用于支持公司旗下扶贫项目。

顺宇洁能科技隰县和繁峙县项目主要通过就业带动和资产收益两种方式进行扶贫。针对隰县的农光互补项目，顺宇洁能科技交由植物苗供应商负责种植培训，主要是针对种植牡丹、芍药、柴胡和黄菊等植物的工艺流程、注意事项对参与种植的当地村民进行培训。隰县项目流转土地1101.86亩，繁峙县项目流转土地1237.781亩，共向当地政府支付流转费用145万元。顺宇洁能科技下属10座电站共精准扶贫10708户，在电站正常运营期的20年内，每户每年给予扶贫款不低于3000元，每年支付扶贫款约3221万元，总计带动10708户贫困户，按每户3人计算，共计带动原贫困人口数32124人，为原贫困地区脱贫攻坚工作贡献了力量。

企业乡村振兴成效与企业经营亮点：

• 隰县项目精准扶贫1008户，扶贫人口约3024人，每年共计支付扶贫款355.6万元，连续支付扶贫款20年

• 繁峙县项目精准扶贫1000户，扶贫人口约3000人，每户每年扶贫款不低于3000元，每年共计支付扶贫款360万元，连续扶贫20年

• 顺宇洁能科技公司下属10座电站共精准扶贫10708户，在电站正常运营期的20年内，每年支付扶贫款约3221万元

五、聚焦新能源应用，助推绿色出行

新能源材料是实现新能源转化和利用的基础，也是推动新能源技术发展的重要一环。近年来，我国新能源材料市场快速发展，新能源材料相关技术水平日益提高，产业规模不断扩大。

2021 年中央一号文件指出，要实施乡村清洁能源建设工程。加大农村电网建设力度，全面巩固提升农村电力保障水平。《加快农村能源转型发展助力乡村振兴的实施意见》指出，坚持生态优先、绿色发展，坚持乡村新能源开发利用，推动农业生产、农民生活、农村交通用能清洁化、低碳化，助力建设生态宜居美丽乡村。引导农村居民绿色出行，推动新能源汽车成为农村微电网的重要组成部分。

新能源材料领域整体布局涵盖锂材料、正极材料、电池、电芯等细分行业，为打造清洁能源产业集群夯实了基础。国投创益为服务乡村振兴，促进欠发达地区产业发展，抢抓新能源发展的战略机遇，投资了振华新材、中伟股份、中创新航等一批企业，引导被投企业在欠发达地区建设产业基地，挖掘资源禀赋，带动群众就业，增加当地税收，为欠发达地区经济发展持续注入动力。

案例十四　以科技赋能之力，架能源转换之桥——振华新材、中伟股份

伴随新能源汽车的普及和市场渗透率的提升，市场对动力电池及正极材料的需求不断增加。正极材料作为动力电池的关键原材料，直接影响着动力电池的性能，研发高效能的正极材料是动力电池技术更新迭代的重要条件。受益于全球新能源政策的持续推动、技术进步等因素，动力电池正极材料未来具有巨大的市场空间。国投创益投资的振华新材和中伟股份都是锂电池正极领域的领跑者。

ZEC 振华新材

贵州振华新材料股份有限公司（以下简称振华新材）成立于2004年4月，是中国电子信息产业集团实际控制、中国振华电子集团有限公司控股的企业，主营业务为锂电池三元正极材料的研发、加工和销售。振华新材是中国振华电子集团有限公司下属企业，同时也是一家新三板挂牌企业。该公司核心产品——三元大单晶正极材料的各项指标均达到行业一流水平，引领了该行业的技术趋势。国投创益管理的中央企业乡村产业投资基金与国投创业管理的国家科技重大专项成果转化基金共同成功完成了对振华新材的投资。

振华新材重点专注于锂离子电池正极材料、钠离子电池正极材料的研发、生产及销售，是我国第一批从事镍钴锰酸锂三元正极材料研发生产的企业之一。其中，新能源汽车领域正极材料，涵盖中镍、中高镍及高镍等多种型号一次颗粒大单晶镍钴锰酸锂三元正极材料（NCM），是公司的核心竞争产品。振华新材集中资源投入研发生产高附加值产品，建立完善的产品研发体系，不断提高材料的能量密度，以“高安全、高容量、低成本”为研发方向，寻求技术突破，力争开发行业内领先的正极材料。

公司三元材料在工艺上不断改进，降低成本，提高产品安全性能和使用寿命，通过完善布局中镍、中高镍、高镍领域，发展出了一系列具备自主知识产权的核心技术，用以合成包括一次颗粒大单晶镍钴锰酸锂三元正极材料、大单晶无钴层状结构镍锰二元材料、高电压钴酸锂材料、多晶镍钴锰三元正极材料、尖晶石结构复合改性材料在内的多种核心产品。

振华新材凭借可靠的产品质量在业内树立了良好的口碑，相继成为宁德时代、孚能科技、新能源科技（AYL）、天津力神、微宏动力等国内知名电池生产企业的重要正极材料供应商。振华新材秉持可持续发展理念，积极布局废旧锂离子电池及正极材料回收产业，加强对三元前驱体等原材料成本的控制能力。2021年以来，在上游锂盐价格暴涨背景下，低成本的钠离子电池正极材料成为行业的关注重点及研究方向，公司钠离子电池正极材料已研发成功并实现吨级产出和销售。

振华新材积极投身于乡村振兴，通过在黔西南州安龙县成立全资子

公司，建设锂离子动力电池正极材料生产基地，充分发挥其产品及技术优势，抢抓国内新能源产业发展的大好机遇，以打造产业链的方式推进黔西南州乡村振兴战略的实施。项目建成后将提供就业岗位600个，其中贫困人口400人，年增加收入2700万元，其中带动贫困人口年增加收入1800万元。

企业经营亮点：

• 2021年三元正极材料出货量在国内市场份额占比8%，在全球三元正极材料市场份额占比5%，国内市场占有率排名第5

• 2021年国内单晶三元正极材料产量排名第1，市场份额占比23%

• 2021年研发费用投入1.49亿元，同比增长130.04%

• 已获得自主知识产权发明专利15项

• 截至2022年底，全资子公司——振华义龙新材料累计实现利税总额约14亿元

• 自振华义龙新材落户安龙县以来，已有效解决员工就业超1300人，其中建档立卡贫困人员60人

• 2022年度发放职工薪酬约1.2亿元，人均年薪酬超9万元

中伟新材料股份有限公司（以下简称中伟股份）以高镍低钴全系列三元前驱体、高电压四氧化三钴为主要研发方向，同时积极布局磷铁系、锰系以及钠系技术路线，凭借强大的技术和品质优势，精进服务和前瞻性布局，打造全球领先的锂电池服务品牌。

中伟股份以研发创新为核心，拥有国家级企业技术中心和多个行业领先的研发实验室。积极联合国内外知名高校，打造一流校企科研基地，并与国内外数十家知名企业及科研院所达成战略合作，打造专业化、市场化的研发合作体系。凭借自主开发的高电压四氧化三钴、高镍 NCM、NCA、多元前驱体等核心产品跻身世界 500 强企业高端供应链。产品被广泛应用于 3C 数码领域、动力电池领域及储能电站领域，助推智慧交通、智能生活和绿色能源的发展。

中伟股份下设中伟研究总院，立足前驱体、资源循环、智能装备三大方向，配套全球最大规模的多基地、多方向、多产线研发车间，用以确保先进技术成果高效转化为量产产品。为保障原材料多元化安全供应，中伟股份大力布局资源保障体系，加快一体化、国际化布局，打造矿产资源粗炼、矿产资源精炼、前驱体材料制造、新能源材料循环回收一体化的综合型国际化企业。同时深入布局退役动力电池综合回收利用产业链，打造绿色、环保、可循环的新能源材料综合服务体系。

中伟股份还积极拥抱数字化，通过 MES、ERP、PLM 等智能管理系统，实现工业制造与大数据的深度融合，提升生产效率和产品品质，打造智慧型、未来型工厂。中伟股份立足黔湘两地，响应“产业扶贫”的号召，通过在贵州铜仁、湖南长沙和广西钦州等地布局千亩级产业基地，以产业链赋能当地居民，推动乡村振兴战略实施。

企业经营亮点：

• 2020—2022 年连续三年公司四氧化三钴和三元前驱体出货量稳居全球第一

• 2022 年前驱体出货量突破 230000 吨拥有 600+专业技术人才

• 黔湘两地千亩级产业基地年产能均超 15 万吨

企业荣誉：

• 2022 年 1 月，该企业技术中心认定具有国家企业技术中心资格［国家发展改革委等部门关于印发 2021 年（第 28 批）新认定及全部国家企业技术中心名单的通知］

• 2022 年 9 月，进入 2022 中国制造业民营企业 500 强榜单

• 2022 年 10 月，被评为“2022 年国家技术创新示范企业”

案例十五　聚焦锂离子电池技术，扬帆再启航——中创新航

动力电池现有的生产流程十分复杂，复杂的流程带来的是高难度的质量管控。动力电池需要从结构上进行更新，用更小的空间、更简化的工艺、更少的零部件来实现更高的安全性和更高的能量密度。即使动力电池正处于蓬勃发展阶段，但仍有诸多问题亟待解决，如续航里程焦虑、寒冷天气对电池性能的影响、贵金属做正极材料的发展可持续性等。

中创新航自成立以来，深耕新能源电池领域，致力于锂离子电池性能挖掘，以创新的理念、领先的核心技术、优质的产品驱动产业健康发展。中创新航拥有十大科研创新平台和七大创新实验平台，并先后与国内外多所高校和科研院所建立了合作研发关系，在材料技术创新、结构技术创新、制造技术创新和生态健康发展上不断发力，以三元电池产品和磷酸铁锂电池产品为基石，持续开发先进的动力电池技术与储能系统技术。中创新航可以同时量产磷酸铁锂及三元电池，并重新定义锂电安全标准，首创高能量密度电池系统不起火技术及产品，同时在全行业首创并量产高电压技术路线。

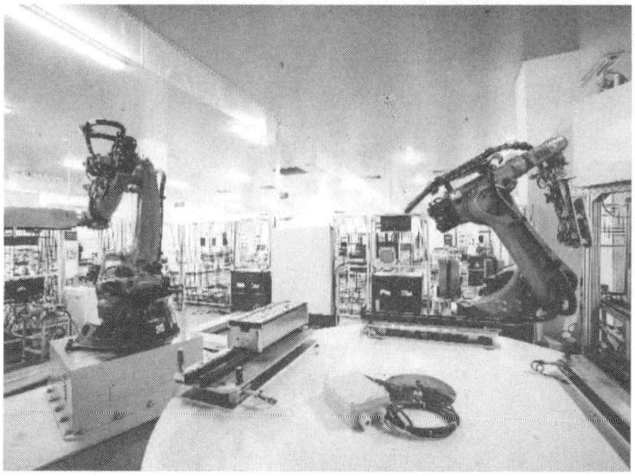

2021 年以来，在新一轮动力电池技术变革中，中国动力电池企业不断突破传统技术局限，推出了日益多元化的创新技术。其中，中创新航对外发布的面向“TWh 时代”的新产品 One-Stop 电池是电池结构创新典型的代表之一。One-Stop 电池有着极高的集成度，开发了诸如超薄壳壁、多维壳体成型、一体桥接电连接、高剪切外绝缘、原位无尘装配集成等原创技术，实现产品对“高比能、高安全、高可靠、低成本”的要求，在有效提升电池能量密度的同时，大幅提升了生产效率。

自 2018 年战略重整以来，中创新航动力电池装机容量从 0.7GW · h 增长至 2021 年的 9.1GW · h，全国第三方动力电池企业排名第 2，并快速拓展产业布局，构建长三角，西南、中部和粤港澳大湾区等产业集群，实现全方位国内产业布局，打造拥有规模化智能制造实力的国际化领先企业。

中创新航通过上游原材料合作开发为欠发达地区融入新经济发展带来了动能，带动资源丰富的欠发达地区企业在环保合规的前提下，提高合理收益，推动产业发展。

企业经营亮点：

• 2019—2021 年同比增长率超过 100%

• 2021 年动力电池装机容量 9.1GW · h

• 全国第三方动力电池企业排名第 2

企业荣誉：

• 2022 年，连续四年蝉联长安汽车“新能源贡献奖”

• 2022 年 2 月，获评 2021“科创中国”新锐企业；2022 年 4 月，中创新航发明专利 ZL201710510766.8“一种锂离子电池隔膜用 α-氧化铝的制备方法”荣获第五届“常州市专利优秀奖”

• 2022 年 4 月，入选“2022 年江苏省智能制造示范工厂”

• 2022 年 7 月，入选“江苏制造突出贡献奖”优秀企业

• 2022 年中创新航动力电池装机容量位列全球第 7

六、促进医疗健康发展，实现美好向往生活

防止因病致贫、因病返贫是当前防止返贫的重点领域，也是巩固脱贫攻坚成果的重要路径。2021 年中央一号文件强调，要全面推进健康乡村建设，加强县级医院建设，加强县域紧密型医共体建设；同时要完善监测帮扶机制，及时落实社会救助、医疗保障等帮扶措施。

为推进健康农村建设，国投创益在医疗健康领域从供给端展开布局，从医疗服务、制药研发和医疗器械出发，在医疗健康产业链投资覆盖原料药、医药制造、医药流通、医疗服务等细分行业。其中医疗服务项目包含以达康医疗何氏眼科为代表的项目，以医疗扶贫为主，实现乡村振兴地区医疗资源再配置；医药制造项目以金凯生科为代表，以科技扶贫和产业扶贫为主，带动欠发达地区产业链发展。

案例十六　关注医疗资源，保障普惠公共卫生服务——达康医疗

我国血液透析患者量巨大，且增长迅速。作为终末期肾病的首选治疗方案，基层血液透析资源却难以满足患者的需求。受人口老龄化影响，我国终末期肾脏病患者数量持续攀升，当前已超过 300 万人，预计 2030 年或将达到 400 万人。但目前我国大部分血液透析室均设立在二级以上医院，大医院排队透析的现象依旧普遍，公立医院的血液透析中心保障老年患者的透析需求已经非常吃力，更无法满足新增加的患者。

让人民群众享有更高水平的医疗卫生服务，是一项重大的民心工程、发展工程。国投创益紧盯“看病难、看病贵”等问题，先试先行，与达康医疗共同出资成立北京达康央扶医疗管理有限公司，关注困难群众及偏远地区人口血液透析需求，建立了“白求恩·生命达康尿毒症专项救助基

金”，坚持“兜要兜住底，帮要帮到位”，对生活困难的透析患者进行生活补助和减免透析治疗费用。

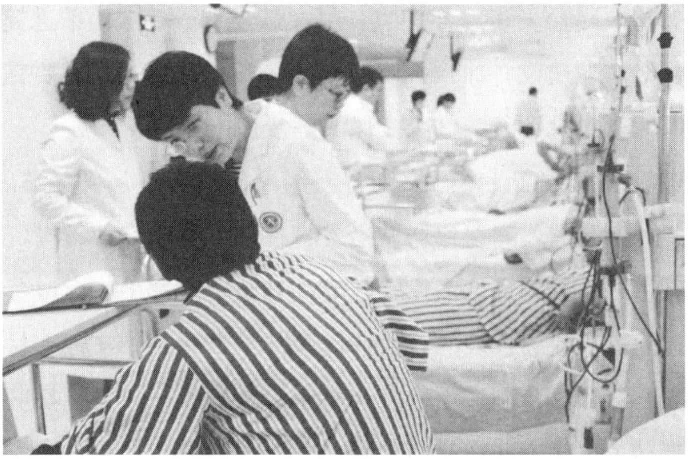

自成立以来，达康秉持“达济天下，康润众生”的理念，在河北、山东、江西、贵州等地区，开设血液透析中心，并坚持免除经济困难患者所有自付费用，真正实现了血液透析医疗资源的向下贯通，让偏远地区的终末期肾脏病患者不再因山高路远而放弃治疗。通过配合各级政府扶贫整体战略，联合社会公益机构，积极探索医疗扶贫新模式，有效解决终末期肾脏病患者因病致贫、因病返贫的问题。

企业乡村振兴成效与企业经营亮点：

• 截至 2022 年 8 月，在江西、山东、云南、贵州等 15 个省份运营独立血液透析中心近 60 家

• 实施安全透析治疗超 200 万台，通过各种方式减免患者费用超 5000 万元，惠及患者近 10000 人

案例十七　助力健康扶贫，防止因病致贫——辽宁何氏眼科

辽宁何氏眼科医院集团股份有限公司（以下简称何氏眼科）采用三级眼健康医疗服务模式，集医疗、教育、研发于一体。主营业务为常见致盲性眼病，干眼、中医等特色诊疗服务，以及针对屈光不正开展光学矫正、屈光不正手术及视功能训练等眼科专科诊疗服务和视光服务。

何氏眼科主动承担企业社会责任。从自身企业实际情况出发，探索医疗扶贫新模式。依托企业的医疗科技，在全国多个省份开展健康扶贫，针对眼部健康诊疗问题探索远程医疗合作机制，2017—2020 年三年内累计帮助 300 多名贫困眼病患者复明，累计完成基因筛查 900 多人次、屈光不正筛查8000 多人次，企业成立至今，何氏眼科已为 10 万余名贫困患者提供了公益复明手术。企业通过医疗科技，为防止因病致贫和因病返贫作出了贡献。2019 年 9 月，何氏眼科收到国投创益通过基金投资的3000 万元，用于多个欠发达地区门诊部建院。

何氏眼科在全国多个省份进行定点帮扶。2017—2020年，何氏眼科先后在贵州、河南、安徽、河北等省份多个贫困地区开展扶贫公益活动，其中在贵州省平塘县、罗甸县、安顺市和河南省兰考县开展定点眼科医疗技术帮扶，精准扶贫防盲等公益活动，具体工作内容涵盖县级医院等当地医疗机构提供眼科医护人员培训、捐赠眼科专业医疗设备以及免费为贫困患者实施白内障复明手术。在安徽省石台县开展“眼科医疗·精准扶贫”公益项目，主要对石台县人民医院开展定点帮扶，提升该医院的眼病诊断能力。在河北省顺平县“眼科医疗精准扶贫——央企扶贫光明行”公益项目，为首批10位贫困白内障患者免费实施复明手术。

2020年12月，国家开发投资集团与何氏眼科集团正式启动甘肃省合水县、宁县“眼科医疗·精准扶贫”公益项目，在两县人民医院为贫困患者开展白内障公益手术，为两院医护人员进行白内障智慧化筛查培训，并为宁县九岘乡鲁甲小学学生进行免费近视筛查和配镜。何氏眼科成立多支公益检查小分队，多次深入农村与城市社区为广大民众开展眼健康筛查，建立乡镇和社区智慧眼管站，利用互联网技术实现医疗资源共享，着力于建立广覆盖、深渗透、快响应的眼检测和眼病干预机制，为眼管站配备智能便携式检查设备，建立远程智慧诊断体系，提高基层眼病预防和筛查水平。

企业荣誉：

- 国家卫生健康委员会批准的唯一全国防盲治盲培训基地

案例十八 布局 CDMO，成就药物研发新高度——金凯生科

药物研发是一项高风险、高投入、长周期的系统性工程。随着全球医药行业的竞争日趋激烈，制药产业链中的分工日益细化，医药合同定制研发生产企业（CDMO）已成为制药企业研发过程中重要的战略选择。目前全球 CDMO 行业正处于新一轮医药研发浪潮催生的黄金时期，我国 CDMO 企业在全球产能占比持续走高。在“十四五”期间，受政策利好影响，我国 CDMO 行业增速将持续高于全球平均增速。同时，我国 CDMO 企业供应链的地位提升及新兴技术与创新药物带来的长期机遇，也将为 CDMO 行业兴起持续赋能。

金凯生科以提高人类生活品质作为企业使命，以激情、责任感、诚信与爱心全身心服务于生命科学领域。结合企业所在地阜蒙县丰富的萤石资源，专注于氟化学领域的相关研究，打造全国最大的有机氟化合物生产商和国内氟化能力突出的小分子 CDMO 企业，立足辽宁阜新，服务全球医药。

金凯生科服务的客户大多来自发达国家，主要客户包括拜耳、强生、诺华、赛诺菲、吉利德、阿斯利康、辉瑞、默克、GSK、礼来、武田、勃林格殷格翰等国际大型医药及生物制药集团，Concert Pharmaceutical、Biogen、Principia、Seattle Genetics 等特色治疗领域的创新药企。因此，在海外项目拓展方面具有较强的优势及竞争力。凭借先进的各类实验室以及全功能的安全评价和分析平台，全球 10 大药厂中过半企业成为金凯生科的客户。

金凯生科对原料药、中间体等生产工艺的研发和创新，在降低成药成本、提高生产效率的同时保证了成药的质量，为欠发达地区群众用得起

药、用得上药、用得好药打下坚实基础。未来国投创益将与金凯生科一起继续整合各方资源，强化产业带动作用，加大相关投入力度，合作打造医药外包影响力企业。

企业乡村振兴成效与企业经营亮点：

• 利用阜蒙县萤石资源，打造当地标杆企业，助力乡村振兴

企业荣誉：

• 2022 年 6 月 21 日，入选拟确定“第七批辽宁省民营企业建立现代企业制度示范企业”公示名单

七、关注生态环境修复，重塑人与自然边界

生态环境保护修复是守住自然生态安全边界、促进自然生态系统质量整体改善的重要保障。深入打好污染防治攻坚战，是“十四五”时期乃至今后更长时期的一项重要举措，意义重大、影响深远。

《乡村振兴促进法》中明确指出国土综合整治和生态修复的重要性，提出综合整治农村水系，因地制宜治理农村垃圾与污水的必要性。鼓励和支持社会资本参与生态保护修复项目投资、设计、修复、管护等全过程，紧盯污染防治重点领域和关键环节，可以发挥生态环境保护的引导、优化、倒逼作用，加快推动经济结构优化升级，促进生态经济良性循环，持续提升生态环境治理现代化水平。

国投创益充分发挥市场在资源配置中的决定性作用，聚焦生态修复领域，推动生态保护修复高质量发展，投资了以航天凯天和江西丰林为代表的环境服务企业。

案例十九　生态修复，使乡村更宜居——航天凯天

CASIC

国投创益投资的航天凯天环保科技股份有限公司（以下简称航天凯天）致力于生态修复，立足于工厂环境治理和工业园区治理，并涉足水环境治理、环境修复、大气环境治理、固废处理、资源循环利用、电子废弃物资源化等众多环境治理领域。航天凯天现已成为覆盖环保全产业领域的绿色生态环境综合服务商。

航天凯天以还一片蓝天、一澈清水、一方净土为己任，致力于改善人文生态环境，让工业文明与生态文明交相辉映。依托循环经济理论和产业

生态学原理，从历史及市场的趋势变化角度呈现全产业领域布局，在“水、气、固废、土壤修复”等领域进行不断细分，并进行生态融合。聚焦智慧城市、美丽乡村、工业园区、健康家庭，以综合性的治理服务为主导，四位一体全面践行绿色生态理念。航天凯天高度重视技术创新，以奋斗点亮荣耀，以创新引领未来。

2021年，中央一号文件指出，农村人居环境整治提升是国家乡村振兴战略不可或缺的一环，统筹做好供水保障和污水处理，加快推进农村黑水体治理，加强村庄有机废弃物综合处置利用设施建设，是建设美丽乡村的必由之路。航天凯天积极响应国家脱贫攻坚、乡村振兴战略，依托自身产研优势，投资建设了“美丽云梦”整县综合环境治理PPP项目以及宁远、道县、临武等多个乡镇农村污水治理PPP项目，提高了乡镇村庄生活污水处理设施及配套水平，改善当地人居环境，创造当地就业岗位。在修复农田土壤重金属污染工作中，航天凯天的《多重金属污染土壤植物联合修复技术及体系应用》荣获第十四届中国土壤学会科学技术奖一等奖，获批华南镉铅污染农田修复剂安全利用技术示范等国家重点研发计划。

企业乡村振兴成效与企业经营亮点：

- “美丽云梦”项目，包含了10个乡镇水厂、农村黑臭水体西大渠

13. 3kM 水体综合治理

企业荣誉：

• 2022 年 11 月，入选第四批工业产品绿色设计示范企业名单

• 2022 年 1 月，该企业技术中心认定具有国家企业技术中心资格［国家发展改革委等部门关于印发 2021 年（第 28 批）新认定及全部国家企业技术中心名单的通知］

案例二十　绿化秀美江西，实践丰林梦想——江西丰林

国投创益通过子基金投资的江西丰林林产有限公司（以下简称江西丰林）主要从事湿地松树脂两用原料林培育、松脂采集、松香松节油深加工系列产品生产以及林业碳汇开发与碳资产管理业务。

江西丰林传统产业链经营林业基地26.63万亩，累计完成新原料基地更新造林20多万亩，面向社会提供近1万个农村就业岗位，人均增收3.2万元/年，占省人均年收入的48.7%。每年通过收购农户松脂原料，支付农户费用2.5亿元以上，有效帮助当地林农脱贫致富。

江西丰林还在林业碳汇领域先行先试，启动《江西丰林碳汇造林项目》，于2016年获批国家发展改革委减排量核证签发，计入期内总预计减排量485万吨二氧化碳当量，成为国内首个兼具规模性和商业性的林业碳汇项目。截至2021年底，江西丰林已与国家九大碳汇交易所及多家境内外500强减排企业、投资基金、咨询认证机构建立了广泛的碳资产全产业链合作，行业覆盖石油化工、航空运输、钢铁冶金、造纸加工等。江西丰林还积极开展政企合作、院企合作，传播先进经验，带动林业碳汇发展，助力林业“双碳”科技研发及科技成果转化。

江西丰林目前已完成林业碳汇交易63.5万吨二氧化碳当量，按照国家“双碳”目标，江西丰林计划到2030年完成中国自愿减排交易体系（CCER）林业碳汇开发3亿吨二氧化碳当量，年均2500万吨二氧化碳当量；并参与“一带一路”“南南合作”农林业开发，完成东南亚、非洲、南美的发展中国家国际VCS标准林业碳汇开发1亿吨，年均1000万吨。国投创益也将继续支持江西丰林在碳汇领域发展壮大，立足江西，辐射全国，为实现乡村振兴与“双碳”目标作出更大贡献。

乡村振兴与企业经营亮点：

- 预计到2030年开发完成CCER林业碳汇3亿吨二氧化碳当量

八、助力特色文旅产业，提升文化自信

中国地大物博，美丽的风景和富饶的土地孕育着灿烂的中华文化。

在我国全面进入大众旅游的时代，旅游产业规模不断扩大，新业态不断涌现，旅游业对经济发展的综合带动作用愈加明显。一方面，依托旅游业的发展可以传承弘扬中华文化；另一方面，依托文化资源和绿色生态资源大力发展乡村旅游，可以进一步夯实乡村振兴的基础。

国投创益着力推动文化和旅游深度融合，投资了广西中旅德天瀑布等项目，努力实现旅游业更高质量、更可持续的发展。

案例二十一　发挥地域优势，打通旅游产业链——广西中旅德天瀑布

国投创益投资的企业——广西中旅德天瀑布旅游开发有限公司（以下简称广西中旅德天瀑布）成立于2019年5月，德天—板约瀑布跨境旅游合作区是我国首个确立的跨境旅游合作区，是“一带一路”建设的重点园区。广西中旅德天瀑布主要进行旅游项目的开发经营，其重点开发的项目有陆路旅游观光车的经营管理、酒店经营管理服务、园林绿化、景区游览服务、演艺经营与管理、出入境旅游业务和旅游景区管理等。公司打通了旅游出行的全产业链，实现旅游的全流程服务。

公司目前倾力开发新项目，包含53号界碑中越合作区、炮台山盘山索道、玻璃栈道、夜德天等项目。德天跨国瀑布景区位于广西壮族自治区崇左市大新县中越边界，是亚洲第一大跨国瀑布，年均水流量约为贵州省黄果树瀑布的3倍，被文化和旅游部于2018年10月17日正式确定为国家AAAAA级旅游景区。德天跨国瀑布与越南板约瀑布紧邻，是中越两党总书记见证、两国政府签署的重点项目，是“一带一路”建设的重点园区，

已得到国务院、外交部与广西壮族自治区政府的多方位支持。随着中越德天—板约瀑布跨境旅游合作区的建成，它将成为“一带一路”和中国—东盟自由贸易区的重要组成部分，成为国际特色旅游目的地。

2018年，德天跨国瀑布旅游景区荣升国家AAAAA级旅游景区；荣获2018中国旅行口碑国内优秀景区；2018年荣获中国品牌旅游景区；2018年荣获首届广西旅游百姓口碑榜年度最具影响力景区；2018荣获由“驴妈妈”颁发的中国美行IP；2018年度荣获由“驴妈妈”颁发的最受欢迎山水景区。2017年荣获中国旅行口碑榜；2017年荣获美团点评优选最具特色景区；被《中国国家地理》评为中国最美的六大瀑布之一；2016年荣获中国国际特色旅游目的地；2016年被评为国家生态旅游示范区。

自从国投创益投资以来，德天跨国瀑布项目联动协同周边景区，辐射带动周边餐饮业、零售业、住宿业等行业发展，促进农产品就地销售，贫困农户就地就业，通过就业扶贫和产业扶贫精准助力当地脱贫攻坚、有效衔接乡村振兴。

同时，德天项目带动种植业、养殖业、特色农业、特色工业的发展，提高农产品附加值，实现一、二、三产业融合发展，促进产业结构调整升级，在产业发展及产业升级中采取多种形式助推贫困户及贫困人口创业就业。

乡村振兴成效：

- 为地方政府每年提供税收超过6000万元
- 带动就业近千人

结　语

习近平总书记强调：民族要复兴，乡村必振兴。这既是对全社会投入乡村振兴的号召，也是我国迈入现代化道路面临的现实。作为国家级基金管理人，国投创益被党中央、国务院授予“全国脱贫攻坚先进集体”荣誉称号，成为联合国责任投资原则组织（UNPRI）成员，截至2021年底，国投创益投资项目累计带动就业逾380万人次，累计提供工资收入达4000亿元，贡献税收超1000亿元，引领撬动社会资本3500亿元。从脱贫攻坚一路走来，经历了曲折艰辛的探索，从乡村振兴到建设农业强国、实现中国式现代化，国投创益的思路更加清晰。

坚定不移提升农业生产效率。尽管农业在现代国民经济中体量占比较低，但农业与农村的发展从来都是国家实现工业化、跨过中等收入陷阱、迈向高收入国家的先决条件。经过改革开放以来的探索，我国已经成功实现了小规模农业基础上的农业产量大幅提升，农村劳动力要素得到充分利用，并为国内推进工业化提供了人力资本和市场需求，已经初步实现了发展。后发国家的经验告诉我们，农业实现初步发展后，还须坚定不移地推进集约化、提升农业生产效率、提高农产品的国际竞争力，避免农产品供给不足、依赖进口、受制于人，才能真正地实现农业现代化。近年来，中央农村工作会议、中央一号文件推进我国农业现代化、建设农业强国的决心坚定，思路清晰，作为国家级基金管理人，国投创益将坚定不移地推动以生物育种、农业机械为代表的农业前沿科学技术革新，引导带动相关企业通过不断自主创新，实现我国农产品在稳产增产的基础上具备国际竞争力，确保我国粮食绝对安全，以高质高效的农业现代化为中国式现代化筑牢根基。

坚持促进新型城镇化发展。农业现代化与新型城镇化是一体两面，农业实现规模化、集约化生产，前提是人均耕地占有量的提高，而人均耕地占有量提高的前提是新型城镇化发展带来的非农就业吸纳能力的增强。近年来，新型城镇化发展成为乡村全面振兴的重要支点，2022 年中央一号文件四十二次提到县域或县，明确推进以县域为中心的新型城镇化，将县域经济发展作为乡村振兴范畴内的重点工作。中共中央办公厅、国务院办公厅印发的《关于推进以县城为重要载体的城镇化建设的意见》对县城类型进行了划分，进一步明确了县域差异化发展的方向。随着全国范围内的产业转型，县域经济的产业结构逐渐从简单的工业制造向发展产业集群转变，促进新型城镇化发展，不仅要发挥龙头企业的作用，引导企业将产业链、人才、资本更多地向县域集中，也要引导更多企业发展适于县域发展现状的产品和服务。国投创益将坚持以新型城镇化发展为方向，引导更多医疗健康、商贸流通、数字乡村、先进制造、文化旅游、教育、金融等领域的企业为以县域为中心的新型城镇化服务。

坚持推进欠发达地区资源开发。协调发展是乡村振兴的重要内涵，而我国区域发展不协调、不均衡的客观现实将长期存在。相对发达地区，我国欠发达地区缺乏必要的基础设施、资金，政府推动经济社会发展的能力有限。推进欠发达地区发展，必须立足区域优势，尊重市场规律，通过挖掘和发挥资源优势，培育壮大地区优势产业，集聚资源要素，实现资源优势向发展优势的转变。近年来，国投创益以资源开发为重点，引导带动优质企业，积极推进中西部风、光、水和新能源矿产资源丰富地区资源的科学开发利用，以产业龙头带动当地产业链形成与发展，促进当地基础设施建设，增加政府税收，为欠发达地区发展注入动能，在区域协调可持续发展的基础上，实现以工促农、以城带乡，进一步缩小城乡差距。

坚持一流标准市场化运作。市场化运作是乡村振兴投资项目具备竞争力和可持续发展能力的最根本前提，也是农业真正实现现代化的基础条件。从乡村振兴的资金需求和产业基金目前的投资实践来看，以市场化方式运作的产业基金是乡村振兴长期、可持续资金投入的重要支撑。经过多年的投资实践，国投创益探索出一条以市场化方式服务民生目标的路子，通过“借船出海”、投资引领带动龙头企业加大对欠发达地区和农业农村投入力度等方式，以企业健康发展更好地实现社会效益，以组合投资更好平衡经济效益和社会效益，从而更好实现服务乡村振兴战略的目标。立足自身优势，国投创益将坚持市场化运作手段，融合影响力投资理念和 ESG 管理，以一流专业化管理，通过国有资本投资撬动广泛社会资本，基金运作保本、滚动、可持续，更好服务乡村振兴战略。

因扶贫而生，因责任而立，站在第二个百年奋斗的历史起点上，作为中央企业“十四五”时期服务乡村振兴战略的重要载体和特色品牌，国投创益将以创新、协调、绿色、开放、共享的新发展理念，不断探索市场化的产业基金服务脱贫攻坚、乡村振兴战略的模式，在确保国有资本保值增值、可持续的同时，实现看得见、摸得着、可复制的社会效益。

“致广大而尽精微”，这本书，既是国投创益以影响力投资和 ESG 服务国家民生战略理念形成的心路历程，也是可落实、可量化、可评估的操作手册；既是国投创益以影响力理念和 ESG 服务乡村振兴成果的展示，也是对全社会以卓越投资创造美好生活的庄重承诺。

乡村振兴任重道远，国投创益立足管理基金自身的特点和优势，将持续探索产业基金服务乡村振兴的模式，提升基金管理运作能力，不断优化 ESG+乡村振兴影响力投资管理体系，凝聚更广泛的中央企业的力量，在全社会树立中央企业服务国家重大民生战略和履行社会责任的品牌形象，为服务乡村全面振兴、推动可持续发展作出更大贡献。

参考文献

［1］中共中央　国务院印发《乡村振兴战略规划（2018—2022年）》［N］. 人民日报，2018-09-27（1）.

［2］陈柏峰. 促进乡村振兴的基层法治框架和维度［J］. 法律科学（西北政法大学学报），2022，40（1）：3-17.

［3］中共中央　国务院关于实施乡村振兴战略的意见［J］. 中华人民共和国国务院公报，2018（5）：4-16.

［4］中共中央　国务院关于做好2022年全面推进乡村振兴重点工作的意见［J］. 中国猪业，2022，17（1）：13-18.

［5］董绚，王军明，马晨晔. 乡村振兴考量因素浅析［J］. 云南农业，2022（2）：51-53.

［6］杨小明，夏成前.《乡村振兴促进法》实施背景下农村体育发展机遇与策略［J］. 体育文化导刊，2022（1）：60-64.

［7］孙伟. 乡村产业振兴的实践与路径：基于青岛市即墨区鳌角石村的调研［J］. 广西职业技术学院学报，2021，14（5）：69-76.

［8］雷红，汪顺玉，张亲霞. 国际学术界中国脱贫研究的现状、热点与趋势（2001—2020）：基于Bibliometrix的可视化分析［J］. 新疆农垦经济，2021（12）：84-93.

［9］魏萌. 中央一号文件发布：全面推进乡村振兴，农资行业如何发力？［J］. 中国农资，2022（4）：3-5.

［10］张伟，闫海，胡剑双，等. 新时代省域尺度城乡融合发展路径思考：基于江苏实践案例分析［J］. 城市规划，2021，45（12）：17-26.

［11］魏先法. 马克思主义中国化新飞跃的时代逻辑［J］. 河北省社会

主义学院学报，2022（1）：20-27.

［12］杨辉，胡子立．向世界讲好中国脱贫攻坚故事［J］. 党史博采（下），2022（1）：48-51.

［13］张伟冰，庞宇，陆汝成．乡村振兴战略背景下乡村发展思路研究［J］. 山西农经，2022（1）：15-17+20.

［14］孙健夫，李晓鹏．“十四五”时期财政支持城乡融合发展的建议［J］. 中国财政，2021（20）：17-19.

［15］黄世忠．支撑 ESG 的三大理论支柱［J］. 财会月刊，2021（19）：3-10.

［16］浩农．为乡村振兴描绘美好蓝图：2021 年中央一号文件重要精神解读［J］. 党课参考，2021（5）：59-76.

［17］邹一南．中国共产党百年农村政策重大成就和历史经验［J］. 上海经济研究，2022（2）：34-42.

［18］孙腾．贵州多元城镇化研究：兼论城市人口空间分布保障问题［J］. 黑龙江人力资源和社会保障，2021（17）：11-15.

［19］谢安，顾玲，陈岚，等．可持续发展挂钩融资现状和发展建议［J］. 中国银行业，2022（5）：92-95.

［20］焦丽杰．“双碳”目标对经济的影响［J］. 中国总会计师，2021（6）：40-41.

［21］褚冬竹，LIU Ying. 精明・精准・精细：城市更新开卷三题［J］. 建筑实践，2021（10）：14-27.

［22］袁吉伟．我国可持续投资发展现状及政策建议［J］. 银行家，2022（9）：57-60.

［23］金琳．国资国企助力乡村振兴“加速度”［J］. 上海国资，2022（7）：45-48.

［24］孙金霞．从政策入手　做好金融支持乡村振兴的“大文章”［N］. 农村金融时报，2022-08-15（A01）.

［25］我国成立中央企业贫困地区产业投资基金［J］. 经济导刊，2016

(11)：11.

［26］王福强，赵新红．造血输血治贫血：中国石油华北石化公司对围场县两村扶贫工作纪实［J］．企业文明，2017（5）：37-42.

［27］中共中央　国务院关于打赢脱贫攻坚战的决定［N］．人民日报，2015-12-08（1）.

［28］韩克庆．国际减贫事业的中国经验：治理规律与创新路径［J］．人民论坛，2021（11）：35-37.

［29］李鸿．打赢脱贫攻坚战：特困民族地区决胜全面小康的首要目标［J］．大连民族大学学报，2017，19（6）：529-533.

［30］高友东．扶贫脱贫和脱贫攻坚民主监督是中共中央交给的新任务［J］．民主，2018（10）：8-10.

［31］吴华，韩海军．精准扶贫是减贫治理方式的深刻变革［J］．国家行政学院学报，2018（5）：143-149+192.

［32］李旺珍．我国脱贫攻坚的历程回顾与经验启示：以咸宁市精准扶贫的探索与实践为例［J］．湖北科技学院学报，2022，42（4）：19-25.

［33］刘永富．我国"十三五"脱贫攻坚的形势与任务［J］．时事报告（党委中心组学习），2016（1）：89-104.

［34］阳梦华．乡村振兴与共同富裕协同推进的路径探究［J］．当代农村财经，2022（11）：41-45.

［35］曹雅丽．党缔造和领导人民军队的光辉历程："在党的旗帜下前进：人民军队庆祝中国共产党成立100周年主题展览"侧记［J］．中国纪检监察，2021（16）：29-31.

［36］李昕锡，艾李思佳，罗唯衔，等．乡村振兴战略下黄陂区农旅融合"双轮"驱动发展模式研究［J］．企业改革与管理，2022（8）：168-170.

［37］"十二五"交通运输审计工作指导意见［J］．交通财会，2011（12）：77-80.

［38］车璐，潘小海，石缎花．推行ESG评价促进中央企业高质量发展［J］．中国投资（中英文），2022（ZB）：28-30.

［39］任飞.3年募资314亿！又有大基金瞄准A股能源重资产［N］．每日经济新闻，2020-01-21（8）.

［40］王中良.JLF资本尽职调查改进研究［D］．南昌：南昌大学，2017.

［41］桂行．蓝港集团风险投资项目的投后管理研究［D］．武汉：华中科技大学，2019.

［42］许明珠.ESG与企业估值［J］．中国资产评估，2021（7）：22-26.

［43］樊翠华，吉全，樊迪．中国式扶贫的内乡创新之路［J］．雷锋，2018（10）：6-13.

［44］段钢.ESG投资与可持续发展［J］．中国商界，2021（12）：114-117.

［45］刘全山，赵团结．基于ERM框架的风险投资基金投后管理体系构建［J］．财务与会计，2019（15）：46-49.

［46］苏立军．私募股权基金投后管理中的企业治理问题探析［J］．经济师，2022（2）：67-68.

［47］刘维丽．集团投资管理问题与改善对策研究［J］．行政事业资产与财务，2021（16）：52-53.

［48］徐黎丽，于洁茹．国家疆域：中华民族共同体建设的基础［J］．中央民族大学学报（哲学社会科学版），2022，49（4）：34-45.

［49］王维东．构建ESG特色投资管理体系　高质量推进乡村振兴［J］．国资报告，2022（2）：100-103.

［50］中共中央　国务院关于全面推进乡村振兴加快农业农村现代化的意见［J］．中国农业综合开发，2021（2）：4-11.

重点词汇索引

图表索引